クリスチャンである
私が信じている
7つのこと

The 7 Things I Believe
as a Christian

松本章宏

ジェネラスギバーズ出版

はじめに

「クリスチャンって何を信じているの?」と問われたとき、皆さんは即答できますか? この意外にむずかしい、しかし大事な問いに、私たちが誰でも答えられるよう、「クリスチャンである私が信じている7つのこと」と題して、クリスチャンが信じていることを7つのカテゴリーに簡潔にまとめました。

「クリスチャンである私たちが信じていること」を別の言葉で言い換えると、「聖書的世界観」と言えます。世界観とは、世界を見るメガネのことです。聖書的世界観とは、「聖書」というメガネをかけると、世界はどう観えるのか、を指します。

私たちクリスチャンは、「聖書」というメガネで世界を観ています。これにより、世界の観え方は変わります。考え方が変わり、新しい行動に至ります。習慣が変わり、生き方が変わり、最終的には人格が変えられていきます。
本書は、これらクリスチャンの「世界の観え方」「ものの考え方」「行動様式」について、わかりやすく解説することを心がけています。

聖書的世界観を考えるとき、その構成要素はいろいろなものがありますが、その根本は「神はおられる」という大前提です。聖書が語る神が、本当におられるということ。この天地万物を創られ、私をも創られた唯一絶対の真の神がおられるということを認めるところから、聖書的世界観は始まります。

無神論というメガネをかけて世界を見ると、すべては偶然の重なりである、と結論づけられてしまいます。「偶然に発生した命なのだから、人生の目的なんて考えるだけ時間の無駄。どうせ死んだらおしまいだ。できるだけ面白おかしく生きたほうがいいよ」というのが無神論の行き着く生き方です。

それに対して、「神がおられる」という世界観でものを見ると、1つひとつのものが神の作品であり、それは偶然の産物なんかではない。この大自然も、そして私たちの愛する人々も、動物も、美しい花々もすべては神の作品なのだ、という観方になるのです。

「すべての創られたものには神様の目的があるのだ。神様が目的を持って創られたものを私も大切にしよう」きっとこのような気持ちになります。私たちが見つける素晴らしい作品の背後にある神の偉大さ、心配り、正しさ、愛、そういったものが、私たちに伝わってくるようになるのです。聖書的世界観でものを見るとき、神の創られた目的に想いを馳せ、神を賛美せざるを得ないというところに私たちは至ります。

この「神はおられる」から始まる「聖書的世界観」を7つに分類すると、以下となります。

1　神は宇宙の創造主であり、全知全能であり、今もすべてを支配している。

2　聖書は世界の絶対的な基準を定義した、誤りなき神の言葉である。

3　サタンと悪霊は現実に存在し、人間を神から引き離そうとするが、その力は限定的である。

4　人間は神の目に高価で尊く、永遠の存在であるが、罪の赦しを受け取る必要がある。

5　イエス・キリストは神であり、人である。それゆえ、私たちの救いの業を完成させることができる。

6　救いは神からの賜物であり、善行によって勝ち取るものではない。

7　クリスチャンには、福音を分かち合う責任がある。

本書では、これら7つの内容を、順を追って聖書から説明します。クリスチャンの方々には、ご自身の信仰を整理し直し、信じていることに対する確信を得ていただきたい。そしてまだ信仰をお持ちでない方々には、「クリスチャンはこのようなことを信じているのか」と、クリスチャンである私の頭の中身をお見せするような本になることを願っています。

なお、本書では、聖書の言葉を多く引用し、私たちの信仰について説明をします。引用する聖書は一般社団法人新日本聖書刊行会が発行する『聖書 新改訳２０１７』

となります。

聖書は66の書巻から構成されており、本書の引用においては、引用元の書巻タイトルを記載しています。「創世記」「詩篇」「ローマ人への手紙」「ルカの福音書」「ヨハネの黙示録」などは、すべて聖書に含まれる書巻のタイトルとなります。興味を持たれた方は、ぜひ聖書を手に取り、目次から引用元の書巻をご確認ください。

第1章　神は存在するのか

第1章　神は存在するのか

神は宇宙の創造主であり、全知全能であり、今もすべてを支配している。

神が存在することは、どのようにしてわかるのでしょうか。聖書の詩篇19篇1節には、次のように書かれています。

天は神の栄光を語り告げ
大空は御手のわざを告げ知らせる。

天空を見上げ、大空を仰ぎ、そこにきらめく星々を見るとき、これが偶然にできたとは思えない。これらは創られた神が存在する証拠です。天は何もしゃべらず黙っているけれど、その無言の中に、神の偉大さを語り伝えているというのです。さらに、ローマ人への手紙1章19節から20節で、パウロは次のように語っています。

神について知りうることは、彼らの間で明らかです。神が彼らに明らかにされたのです。
神の、目に見えない性質、すなわち神の永遠の力と神性は、世界が創造されたときから被造物を通して知られ、はっきりと認められるので、彼らに弁解の余地はありません。

神が存在することが、どうしてわかるのか、という問いに対して、パウロは、被造物、すなわち神によって創られたもの──大自然、動物、人間など──を見ることで、私たちは創り主がいることがわかると書いています。それは「弁解の余地がない」とさえ書かれています。

地上生涯を終えて、神に会うそのとき、神の存在を信じない人は「神様が存在するなんていつ話していたのですか？私は聞いていません」と疑問を投げかけるかもしれません。そのとき神は、「わたしは、わたしが創ったものを通じて、わたしの存在を示していました。それをあなたが受け入れなかったのです」と返すでしょう。

■神の存在を証明する４つの方法

一般的に、神の存在を証明するために用いられる主な方法は、次の４つです。

第一は「存在論的証明」です。人類はどの文化圏にあっても、普遍的に自分を超越した存在を信じているということが知られています。アプリオリ（先験的）議論とも言われるこの証明方法は、人類が何らかの自分を超越した存在がいるという認識を、本能的に持っているというものです。すなわち、人類が神を求めているのは、神が存在することの証拠であるということです。

第二は、「宇宙論的証明」です。宇宙には、因果関係が働き、法則によって動いていることは、誰もが認めるところです。宇宙において、結果があるとき、必ず原因があります。神という原因が存在しないならば、宇宙という結果は、存在し得ないとなります。この宇宙の複雑さがわかればわかるほど、これが偶然にできたものとはとても考えられないということが、この証明方法の主張です。

第三は、「目的論的証明」です。すべて形あるものの背後には設計者の存在があるということです。シンプルな茶碗でさえも、それを作り出した人の設計が反映されています。ならば大自然や動物、植物、人間の存在の背後にも設計者がいる、という考えが自然と生まれます。

もし設計者の存在を否定するならば、それは私たちの人生には目的はないということになってしまいます。すべてのものには設計者の目的がある。机に椅子に、そしてコーヒーカップにもそれぞれに目的があるのに、人間には目的がない、ということを、私たちは受け入れることができるでしょうか。

第四は、「人間論的証明」です。人間には「知」（考える力）、「情」（感じる力）、「意」（道徳的選択をする力）が備わっています。これは、人間を創造した神が、これらの性質を持ち、さらに、人間を超越した存在であることを示しています。人間に備わったそのような力を見ることによって、その創り手である神の存在を知ることができます。

私たち人間は多種多様なものを作り出しますが、人間自身を創造することはできません。人間を下回るものは作ることができます。それゆえに、人間を創造した神は、人間よりも遥かに優れた存在であると結論づけることができます。

■神の存在を否定するもの＝愚か者、と定義する聖書

ここまで4つの方法から、神の存在証明について述べてきました。しかし、聖書はそもそも、神の存在を証明する書物ではありません。聖書の1ページ目の最初の行、創世記1章1節にはこうあります。

はじめに神が天と地を創造された。

聖書は「神がいる・いない」という議論はしていないのです。ただ直接、「神が天と地を創造された」と記述を始めます。この天地を見るとき、それらを創造した神が存在することは自明の理、当然のことなのです。聖書はさらに、次のように述べています。

愚か者は心の中で「神はいない」と言う。
彼らは腐っていて　忌まわしいことを行う。
善を行う者はいない。（詩篇14篇1節）

これを読むと、私たちは少し驚くかもしれません。「神はいない」と言う者のことを、聖書は「愚か者」と表現し「腐っている」とさえ言います。

聖書は明確に述べています。聖書における賢さや愚かさ、知恵の有無という基準は、ＩＱの高さやどの大学を卒業したかではなく、「神を恐れるかどうか」にかかっていると。また、「賢いこと」の対極に位置するのは「神はいない」という考えです。「神がいないから、私は好きなように生きる」という思考は、聖書における「愚か」さであり、愚かな生き方です。

つまり、「神を認める・認めない」は、私たちの行動に直接影響を与える事柄なのです。この世界を見るとき、神の作品だと見るのか、すべてが偶然の結果だと見るのか。どちらの立場を取るかによって、私たちは、まったく違った生き方になるのです。

■「神がいる」とすることは非科学的なのか

一般的には、神がいないと考えることを科学的とし、神がいると考えることを宗教的と言うかもしれません。

しかし「神がいる・いない」を科学的に証明することはできません。神がいる、と信じることが信仰であるように、神がいないと信じることもまた、信仰なのです。

この宇宙が、創造主の存在なしに、法則に従って成り立っているという無神論の考えは、以下のたとえで表現できるでしょう。

あなたは友人の家を訪れました。その家には細部までこだわって描かれた素晴らしい絵が飾られていました。その絵の作者は偉大な画家であるに違いありません。しかし、その家の主人から「実はその絵は、赤ちゃんが絵の具を混ぜ合わせた結果、偶然にでき上がったものなのですよ」と聞かされたとしましょう。あなたはそれを信じるでしょうか？「そんなことあり得ない」と思うはずです。

赤ちゃんがただ絵の具を混ぜて遊んでいるだけで、それが偶然にも巧妙な名画になる確率は、完全にゼロではないかもしれませんが、非常に低いはずです。

私は自分自身を特別に宗教的だとは思っていませんが、この壮大な世界が単に偶然に存在する、という考えを信じるほどの信仰心は、私にはありません。創造主の存在を信じるほうが、私にとっては遥かに理解しやすいのです。創造主が存在する可能性のほうが遥かに高いと思います。

なぜ多くの人は「創造主なんて存在しない」と主張するのでしょうか？それは理性的な思考から得られた結論なのでしょうか？「神」が存在すると、その神に従わなければならないという考えが、人生を窮屈に感じさせるからでしょうか？

結局のところ、神の存在を認めるよりも、自由に生きたいという思いから、神が存在しないほうが、都合がいいと思っているのではないでしょうか？人間は自分が信じたいと思うことを信じる自分勝手な生き物なのです。

神の存在は、人間に与えられている良心からも明らかに感じられます。もし人間に善と悪を判断する良心が与えられていて、良い行いをすると喜び、悪いことをすると心が痛むという感覚があるとすれば、これは偶然よりも、善悪の基準を設けた神によって与えられたと考えるほうが自然です。

このように、すべての人間に共通して与えられる啓示を「一般啓示」と呼びます。すべての人間には自然界という啓示、良心という啓示が与えられており、それらを通じて「これは偶然ではない、創造主がいる」と考えることが可能です。つまり私たちは一般啓示によって、神の存在に辿り着けるのです。

■神は何を愛し、何に喜び、何に怒るのか

こうして神の存在を認識することができました。次の課題は「その神とはどのような存在なのか」ということになります。その神は何を愛し、何を憎み、何に喜び、何に怒りを感じるのか。これは自然界を観察していても簡単に理解できるものではありません。

この問いへの答えは、神ご自身が直接示してくださらない限り、わかりません。神ご自身が「わたしはこういう存在で、これを喜び、これを悲しむ」と示す必要があります。これを「一般的な啓示」ではなく「特別な啓示」と呼びます。そして神から与えられた特別な啓示こそが「聖書」なのです。

神の存在を信じる人は、クリスチャンでない方々にもたくさんいると思います。しかし、その神がどのような存在であるかと問われると、見解は多様でしょう。ある人は、「神とは数多く存在し、分業制で仕事をしている」と信じているかもしれません。また、別の人たちは「善い神と悪い神が存在し、闘争を繰り広げている」と

信じているかもしれません。

私たちは、神がいる、ということを信じさえすれば、あとは、どんな神でもよく、それぞれ自分勝手に信じていい、というわけではありません。「群盲象を評す」という言葉を聞いたことがあるでしょうか。これは、盲人が象に触れて、それぞれが象とは何かを定義しようとする物語です。

足に触れた人は「象は柱だ」と言い、尻尾に触れた人は「象はロープだ」と言い、耳に触れた人は「象は扇だ」と言い、腹に触れた人は「象は壁だ」と言い、鼻に触れた人は「象はホースだ」と言い、象牙に触れた人は「象は大根だ」と言います。

彼らが言っていることは、間違ってはいないかもしれません。それぞれが象の一部を描き出しているのですが、それだけでは全体像を理解することはできません。

神についても同じことが言えます。個々の経験や思い込みを通じて、「神とはこういう存在だ」と思うことは可能かもしれません。しかし、それは全体の一部であったり、あるいは偏った見方であるかもしれません。

神が存在することは一般啓示から得られますが、その神がどのような存在であるかを理解するためには、神自身からの特別な啓示が必要です。私たち人間からは、神の全貌を知ることはできないのです。

そこで、神は聖書において、ご自分がどのような存在であるかを示してくれました。

詩篇139篇は、神がどのようなお方なのかについて学ぶのによい詩です。この詩からは特に、神の3つのご性質について学ぶことができます。

■全知の神は、私のすべてを知っておられ、どこにおいても、共にいてくださる

ダビデ王によって書かれたこの詩のはじめの4節は、神の1つめの性質である「神が全知の存在であること」を示しています。「全知」とは、過去、現在、未来のすべてを把握していることを意味します。ダビデはどのように表現しているのでしょうか。詩篇139篇の1節と2節を見てみましょう。

主よ　あなたは私を探り　知っておられます。
あなたは　私の座るのも立つのも知っておられ
遠くから私の思いを読み取られます。

これは、神が私たちの行動を知っているだけでなく、心の内側、私たちの思考すらも理解していることを示しています。私たちが他人に知られたくないと思っている秘密の思いまでも、神はすべてを見通しています。続く3節を見てみましょう。

あなたは私が歩くのも伏すのも見守り
私の道のすべてを知り抜いておられます。

私たちがどのような人生を歩んできたか、どのような過ちを犯してきたか、そしてこれからどのような人生を進んでいくか、神はすべてを把握しているというのです。4節です。

ことばが私の舌にのぼる前に　なんと主よ
あなたはそのすべてを知っておられます。

私たちが何を語ろうとしているか、次の瞬間に何を言おうとしているか、それが善なのか、悪なのか、他人を励ます言葉なのか、それとも他人を傷つける言葉なのか、神はすべてを把握している、と示しています。そして、すべてを知り尽くした上で、私たちを愛してくれるのです。

私たちはいつか、私たちの心の中にある動機すらも知っている方の前に立たなければならないことを、ダビデは知りました。それがわかったとき、ダビデは恐ろしくなって逃げ出したくなりました。

しかしここで、神の２つめの性質である「偏在の神」というものが登場します。偏在とは「どこにでもいる」ということです。つまり、神は世界中のどこで誰が祈ろうとも、それらの祈りのすべてを聞くことができるのです。詩篇１３９編の７節を読んでみましょう。

私はどこへ行けるでしょう。
あなたの御霊から離れて。
どこへ逃れられるでしょう。
あなたの御前を離れて。

ダビデは逃げ出したいと感じましたが、神から逃れることは可能でしょうか。8節にはこう書かれています。

たとえ　私が天に上っても
そこにあなたはおられ
私がよみに床を設けても
そこにあなたはおられます。

私たちの行く先々どこにでも、神は存在しています。創世記3章で、人類の最初の人であるアダムとエバが罪を犯し、神から逃れようとしました。罪を犯す前は、神との出会いを楽しみにしていた二人が、そのときだけは神から隠れたいと思ったのです。しかし、木の影に隠れても、神はすべてを見ていました。詩篇１３９篇を続けて確認します。

私が暁の翼を駆って
海の果てに住んでも
そこでも　あなたの御手が私を導き
あなたの右の手が私を捕らえます。
たとえ私が「おお闇よ　私をおおえ。
私の周りの光よ　夜となれ」と言っても
あなたにとっては　闇も暗くなく
夜は昼のように明るいのです。

暗闇も光も同じことです。（詩篇139篇9—12節）

どこまで逃げても、偏在の神から隠れることはできないのです。「神様はあなたがどこに行ってもそこにおられます。」と聞いたら、怖いと感じる人もいるでしょう。しかし、嬉しく感じる人は、「ああ、神様が一緒にいてくださるのだ。何とありがたいことか」と思うでしょう。

皆さんもよくご存知のクリスマスの意味の1つは「インマヌエル（神は私たちとともにおられる）」ということです。イエス様が赤ん坊としてこの地上に生まれ、神が私たちと一緒にいてくださるようになったのです。

創世記37章以降で描かれているヨセフは、神が偏在の神であることを信じて生きていました。彼は、神が故郷カナンの地だけでなく、エジプトの地であろうと、奴隷として使役される場所であろうと、神はそこに一緒にいてくださる方であると信じていました。

彼は神を信頼し、従い、恐れて生きていました。ポティファルの妻に誘惑されたときにも、ヨセフは神と共にいることを選び、彼女から逃れることを選びました。ヨセフの行動は、神はともにいるという信仰によって形づくられていたのです。創世記39章では「主はヨセフとともにおられた」という表現が４回も使われています。ヨセフが異国の地に行っても主はそこに存在し、ヨセフが牢獄に投げ込まれても、主はそこに存在していたのです。

詩篇１３９篇に戻ります。

13節から16節に目を向けると、神の３つめの性質、「創造主なる神」について学ぶことができます。

あなたこそ　私の内臓を造り
母の胎の内で私を組み立てられた方です。（詩篇１３９篇13節）

神は、大自然を創造しただけではなく、母の胎内で私たちを緻密に組み立てた存在です。その神の手によって、私たちはこの世に生まれ、この姿で生きています。

私は感謝します。
あなたは私に奇しいことをなさって
恐ろしいほどです。
私のたましいは　それをよく知っています。（詩篇139篇14節）

ダビデは逃げるのを止めました。神の側にいることの価値を理解したのです。神は私たちが胎児になる前から私たちを創造していました。ですから本当は、私たちは生まれたとき、自分が神によって創造されたことを理解していると思います。ただし、その時点で子どもたちは話しをすることができません。子どもたちが話すことができるようになるまでの間に、世界からさまざまな影響を受けます。そして大人になるにつれて、「神なんて存在しない」と教えられ、徐々にその思考に染まってしまうかもしれません。

子どもたちと話すとき、その純粋さや神を求める心に驚かされます。神について話すと、子どもたちは喜んで聞き、「僕、信じる」と答えます。その子どもたちの姿を見るとき、私たちは自分の魂が神によって創造されたのだ、ということを思い出すことができます。そして、私も、子どものような無邪気な神への信仰心を失いたくないと思うのです。

私が隠れた所で造られ、
地の深い所で織り上げられたとき、
私の骨組みはあなたに隠れてはいませんでした。（詩篇１３９篇15節）

「私」を設計したのは神です。そして私たちは神に望まれて、生まれてきたのです。

ときどき、私たちは自分の存在に価値がないと感じることがあるかもしれません。しかし、神によってあなたが創造されたということは、あなたが神にとって、望まれ、愛されている存在であるということを示しています。

あなたの目は胎児の私を見られ
あなたの書物にすべてが記されました。
私のために作られた日々が
しかも　その一日もないうちに。（詩篇１３９篇16節）

なんとすごいことでしょうか。神の書物に私の人生の道筋はすでに書かれていたというのです。神はすべての人に、計画を用意しています。私たちの人生に対して計画を持っている神に従って生きることを選ぶか、神の計画に逆らって自分の好きな道を生きることを選ぶか、この選択は私たちに委ねられています。

■もう１つの特別掲示であるイエス・キリスト

この詩篇１３９篇を通して、私たちが信じる神は、①全知（すべてを知っていて）で、②偏在（どこにでもおられて）で、そして③創造主（私たちを創られた神）であるということがわかりました。

神は、私たちの心の中もすべてご存知の上で、私たちと一緒に歩いてくださるお方。そして私たちの人生に素晴らしいご計画を用意してくださるお方なのです。このように聖書を通して、神はどういうお方であるのかを私たちは知ることができます。

それだけでもありがたいのに、神はより具体的な方法を用いて、ご自分がどういう方であるかということを私たちに知らせてくださいました。

聖書を通して知らせる以上に、どうやって神は、ご自身について具体的に知らせるのでしょうか。それは、神であるイエス・キリストが人となって私たちの間に住むことによってです。それがクリスマスの出来事なのです。

ことばは人となって、私たちの間に住まわれた。私たちはこの方の栄光を見た。父のみもとから来られたひとり子としての栄光である。この方は恵みとまことに満ちておられた。（ヨハネの福音書1章14節）

神であられる方が人となって私たちの間に住まわれ、人類の歴史の中に介入してくださった。その数十年の人生において、確かにこの地上を歩いてくださった。その方を見た人たち、そしてその方と一緒に歩いた人たちが、そのことを証言して、聖書の中の福音書に書き記してくれています。福音書には「その方はこういうことを語り、このように行動し、こんなふうに生涯を全うされた方ですよ」ということが書かれています。

そして、それらの話を総括するなら、この方は「恵みとまことに満ちておられた方」だということです。イエス様はご自分の地上での歩みを通して、神がどのようなお方であるのかということを示してくださいました。これは、イエス様のもとへ、夜に訪問してきたニコデモとの会話の中で、イエス様がおっしゃった言葉です。

だれも天に上った者はいません。しかし、天から下ってきた者、人の子は別です。（ヨハネの福音書3章13節）

人間は神について想像し、それに基づいて宗教をつくりだしますが、それは不完全で誤りが含まれています。なぜなら私たちが神を見たことがないからです。しかし、イエス様は天から下ってきたので、神がどのような存在であるかを知っています。私たちはイエス様を通して神のことを確実に知ることができるのです。12弟子の一人であるピリポとの会話の中で、イエス様はこのようにおっしゃっています。

ピリポはイエスに言った。「主よ、私たちに父を見せてください。そうすれば満足します。」
イエスは彼に言われた。「ピリポ、こんなに長い間、あなたがたと一緒にいるのに、わたしを知らないのですか。わたしを見た人は、父を見たのです。どうしてあなたは、『私たちに父を見せてください』と言うのですか。（ヨハネの福音書14章８—９節）

すごい言葉です。「私を見た人は、父なる神を見た」と言うのです。聖書では、神を一人にして、3つの位格をもつ存在としていますが、この3つの位格に、父と子の概念があり、イエス様は子である、としています。そのイエス様が人の肉体を通して、父なる神とはどのようなお方であるかを示したのです。つまり、イエス様こそが聖書を超えた、究極的な特別啓示です。

イエス様を通して、私たちは正確に神がどのような方であるかを知ることができます。自分勝手に「こういう神だったらいいな」と希望的観測で信じるのではなく、聖書とイエス様が示される通りに、神様がどのようなお方であるかを知りましょう。その理解こそが、私たちの生き方を変え、私たちの信仰を深めていきます。

第2章　聖書は信頼できるか

第2章　聖書は信頼できるか

聖書は世界の絶対的な基準を定義した、誤りなき神の言葉である。

神がどのようなお方であるかについては、神からの啓示がなければ、わかりようがありません。そのような特別な掲示が聖書であり、聖書を通して、私たちは神がどのようなお方かを知ることができます。

では、聖書は、本当に信頼できるのでしょうか。この問いに真剣に取り組まなければ、次の段階に進むことはできません。

イエス・キリストを信じるということは、この聖書を正しく理解し、信じることを前提としたものです。そうでなければ、自分の感覚や理性を中心とした宗教になってしまいます。自分が信じられることだけを信じたり、自分が信じたいように信じたりするような宗教になってしまうかもしれません。

また、どんなご利益があるか、どれだけ儲かるのか、いかに良いことがあるのかという理由によって信じるような、人間中心の宗教になってしまう可能性もあります。

■「聖書信仰」こそ、私たちの人生の土台

かつて、人は天動説を信じていました。地球は動かず、その他の月星太陽が、地球の周りを動くのだと。確かに人の目にはそのように見えました。

同じように、「神様」と呼びかけながら、私が計画して私が神に指示をする、そんなタイプのキリスト教信仰もあるかもしれません。しかし、天動説が行き詰まったように、そのような生き方は、必ずどこかで行き詰まることになります。

私たちは、聖書は神の言葉である、と信じています。信仰の中心は、神は動かず

に、私が動く、ということです。神が計画し、命令し、私はそれに従うのです。ですから、自分がどう思うか、どうしたいかよりも、神の言葉が何を語っているのかということが重要になってきます。そして神の言葉は、聖書に書かれています。このことを信じることを、「聖書信仰」と言います。

聖書信仰こそが、私たちの人生という家の土台です。この土台がしっかりしていなければ、私たちはぐらついてしまいます。だからこそ、私たちの破滅を願い、神に敵対するサタン（悪魔とも呼ばれます）は、私たちの人生の土台であるこの聖書信仰を揺るがせようとしているのです。

創世記の3章には、サタンが、神と親しい関係にあった人類最初の人間アダムとエバを誘惑するシーンが描かれています。サタンは、まずエバに狙いを定めて、彼女を騙そうとし、蛇を通してこのように語りました。

蛇は女に言った。「園の木のどれからも食べてはならないと、神は本当に言われたのですか。」（創世記3章1節）

神はそんなことは言われなかったのです。神は、「「園の中央にある木」のみ食べてはいけない」と言ったのです。しかしサタンは、実際に言われた言葉をすり替えて表現することで、エバに神を意地悪な存在のように思わせ、神の言葉を疑わせようとしました。この手法こそ、サタンが用いる常套手段です。４節には次のように書かれています。

すると、蛇は女に言った。「あなたがたは決して死にません」（創世記３章４節）

エバが「この善悪の知識の木の実を食べたら私たちは死ぬと、そう神様がおっしゃったのです」と言ったのに対し、サタンは、今度は疑いを抱かせる方法ではなく、「あなたがたは決して死にません」と、神の言葉を否定しました。ここで、エバは「神の言葉を信じるのか、それともサタンの言葉を信じるのか」という岐路に立たされてしまいます。

サタンは今も「本当に神様は、そんなこと言ったの?」と私たちの心に疑いを持ちかけたり、「そんなことは絶対にありません」と、神の言葉を真っ向から否定するような働きかけをしたりします。

■切り取らず、文脈で読み解く。聖書の正しい読み方とは

では、聖書自体は聖書について、何と語っているでしょうか。そのことについての重要な箇所は、テモテへの手紙第二3章16節です。

聖書はすべて神の霊感によるもので、教えと戒めと矯正と義の訓練のために有益です。

聖書は「神の霊感による」と書かれてあります。この「霊感」という言葉は、私たちにとって少しネガティブなイメージがあるかもしれません。「霊感商法」という

言葉もありますし、教祖が筆を持つと勝手に手が動いて何かを書き記すというようなオカルト的なイメージもあるかもしれません。

しかし、聖書にある「神の霊感による」という表現は、これらのイメージとは異なります。また、聖書は神の霊感によって書かれた本ですが、この本を持っていることで交通事故から守られる、というようなご利益はありません。

聖書は、私たちが正しく理解し信頼することによって、私たちに祝福をもたらすものですが、物体として何か超自然的な現象を起こすものではないのです。

また、聖書の原典であるギリシャ語の「霊感」という言葉は、「神の息が吹き込まれている」という意味を持ちます。

聖書は、人間によって書かれたものです。旧約と新約を合わせると、合計66巻から成り、約40人の人々によって書かれました。そして神が、執筆する際に誤りがないよう、筆者たちを守られた、という意味において、聖書の究極的な著者は、神であると言えます。

このように聖書は、神が究極的な著者であり、神が人間を用いて書かれたものです。これを二重著者説と言います。なお、聖書は神の言葉であると同時に、サタンの言葉が書かれている箇所もあります（創世記3章など）。このため、聖書の一部を読んで「これは神の言葉ではなく、サタンの言葉だ」とお考えになる方もいらっしゃるかもしれません。

しかし、一部だけを引用して何かを主張するのではなく、神の意図は、文脈を通して受け取らなければなりません。サタンが使う人間の騙し方を私たちが学ぶことによって、神の意図を理解することができるのです。

こんな話を聞いたことがあります。ある人が、どこかのスナックに「**食べたり飲んだりしようではないか。どうせ、明日は死ぬのだから**」と書いてあるのを見たそうです。どこに書いてある言葉なのかと聞くと「聖書の言葉だよ」と言われて、びっくりしたそうです。しかし、これは聖書の一部だけを切り取って、いやらしい使い方をする例です。実際の聖書では、その前に何が書かれているのでしょうか。

もし死者がよみがえらないのなら、「食べたり飲んだりしようではないか。ど

うせ、明日は死ぬのだから」ということになります。（コリント人への手紙第一15章32節）

「もし死者がよみがえらないのなら」です。

コリント人への手紙第一15章では、キリストの復活とキリストを信じた者の復活について書かれています。私たちはやがて復活の体が与えられる、と書かれています。もしこの約束がない場合には、スナックで書かれている言葉のように、私たちは刹那的な生き方になってしまうのです。

このように、聖書の一部分だけ切り取っても、神様の意図を理解することはできません。聖書を理解する上で、文脈全体を理解することは非常に重要なのです。

聖書は神の言葉であり、その文脈を通して神の意図を理解するとき、私たちの人生の土台が堅固なものとして形成されるのです。

■聖書は、本当に今のカタチで正しい？聖書の正典問題を考える

「聖書」とは、いったい何を指す言葉なのでしょうか。

今日、私たちが聖書として知っているものは、旧約聖書39巻と新約聖書27巻、合計66巻です。しかし、もっと追加すべき書物があるのではないか、あるいは、本当は含めるべきでない書物があるのではないか、という問いがあります。これらの疑問は「正典問題」と言われます。まず、旧約聖書の正典問題について説明しましょう。

パウロが「聖書はすべて神の霊感によるものである」と言ったとき、彼の指した「聖書」とは何だったのでしょうか。それは旧約聖書の39巻のことです。なぜなら当時、新約聖書はまだ存在していなかったからです。

旧約聖書についての正典問題は比較的単純です。紀元前4世紀頃には、旧約聖書の39巻は、すでにユダヤ人によって正典、つまり正式な聖書と認められていました。

私たちがこれを聖書だと容易に信じることができるのは、イエス・キリストご自身

も、この39巻を聖書と認識していたからです。
ルカの福音書24章では、イエス様がエマオ途上の２人の弟子へ、ご自身がメシアであること、そしてご自身の受難と復活について、旧約聖書から解き明かしてくださったことが記されています。ルカの福音書24章27節には以下のように記されています。

それからイエスは、モーセやすべての預言者たちから始めて、ご自分について聖書全体に書いてあることを彼らに説き明かされた。

「モーセやすべての預言者たち」とは、モーセ五書や預言者たちが書いた旧約聖書を指しています。ここではそれを「聖書全体」と表現しています。
その後、イエス様が弟子たちに語られた言葉が、ルカの福音書24章44―45節に記されています。

わたしについて、モーセの律法と預言者たちの書と詩篇に書いてあることは、すべて成就しなければなりません。」

それからイエスは、聖書を悟らせるために彼らの心を開いて、

ここには、先ほどよりも詳しく記されています。イエス様は旧約聖書を、モーセの律法、預言者たちの書、そして詩篇という3つの区分に分類しています。ユダヤ人は、旧約聖書を3つに分けます。1つめはモーセの律法、2つめは預言書、そして3つめは諸書、諸々《もろもろ》の書と言われますが、それらを代表してイエス様はここで、詩篇と名付けています。

そして、ここではその全体を「聖書」という言葉で表現されています。つまり、イエス・キリストご自身が、当時から認められていた旧約聖書を「聖書」と呼んでいるのです。それは神の言葉である、とイエス様ご自身が認めており、正典と認めています。

イエス様ご自身が認めている以上、私たちクリスチャンがそれを認め、信じることは当然のことでしょう。

このように旧約聖書についてはわかりやすいですが、新約聖書についてはもう少し複雑になります。

新約聖書には、マタイ、マルコ、ルカ、ヨハネの4つの福音書が含まれています。しかし、福音書と呼ばれる書物は、実際には全部で20冊ほど存在するのです。その中から4つだけが正典として認められ、新約聖書の一部になっています。残りの16冊は間違った内容とされています。

何年か前に「ユダの福音書」が発見され、大きな話題となったことがありました。しかし、このユダの福音書は、キリスト教の異端、特にグノーシス派のものとされています。

ユダの福音書の著者とされる12弟子の一人であるユダは、イエス様が処刑される朝に自ら命を絶っているため、彼が福音書を書く時間はなかったはずです。存在すら疑われるものについて大騒ぎが起こったわけです。とにかく、そのような疑わしい書物が混在する中で、4つの福音書だけが真実の書として選ばれ、新約聖書の一部となりました。

では、この27冊を正典として認定したのは誰だったのでしょうか。聖書を認定する教会会議で多数決によって決定したと思われている方もいるかもしれませんが、実は初期のクリスチャンたちは、すでにこの27冊を正典として受け入れていました。そして、4世紀末の教会会議で公に認められ、定着したのです。

この教会会議では、「マタイの福音書を正典として採用することに賛成の方は手を挙げてください」「反対の方は手を挙げてください」「はい、賛成が多数となったため、マタイの福音書を正典に入れることにします」といったことが行われたわけではありません。27冊が初期の信徒たちの間で正典と認められていたことが、教会会議で最終確認されたのです。イエス様の12弟子の一人ペテロが書いた「ペテロの手紙第二」には、こう書かれています。


愛する、私たちの兄弟パウロも、自分に与えられた知恵にしたがって、あなたがたに書き送ったとおりです。（ペテロの手紙第二3章15節）

ここでペテロは、パウロが書いた手紙について言及しています。パウロが書いた手紙は13通あり、新約聖書の中に収められています。ペテロは、そのうちの何通かは当時すでに読んでいたのかもしれません。

その中には理解しにくいところがあります。無知な、心の定まらない人たちは、聖書の他の箇所と同様、それらを曲解して、自分自身に滅びを招きます。

（ペテロの手紙第二３章16節）

確かに、パウロが書いた内容は難解なところがあります。しかし、ペテロはここで、パウロの手紙を、聖書である、正典である、と認識しています。彼が「聖書の他の箇所」と呼んでいることからもわかります。

この新約聖書の正典ということに関して、私たちにとってやはり一番信頼できるのは、イエス・キリストご自身の言葉です。

新約聖書は27巻ありますが、４区分することができます。最初が４つの福音書、次に使徒の働きという歴史書、そしてそのあとに、たくさんの手紙が続きます。最後に、黙示録という預言書です。
イエス・キリストは、十字架にかけられる直前に弟子たちと過ごされた最後の晩餐のあと、ヨハネの福音書14章から16章まで、なんと3章にもわたる長いメッセージをされました。14章26節にはこうあります。

しかし、助け主、すなわち、父がわたしの名によってお遣わしになる聖霊は、あなたがたにすべてのことを教え、わたしがあなたがたに話したすべてのことを思い起こさせてくださいます。

このヨハネの福音書の14、15、16章を読むと、イエス様が語ったことを細かく覚えていたヨハネに感心します。17章に入ると、イエス様の祈りが丸々1章分載っています。ものすごい描写です。
その記憶力に私たちは驚くのですが、同時にイエス様は、その秘密を語ってくださっています。「聖霊が降られたならば、わたしがあなた方に話したすべてのことを思い起こさせてくださる」と。イエス・キリストが昇天した10日後に聖霊が降ったことによって、ヨハネやその他の使徒たちは、イエス様が語られた言葉を思い起こさせられたのです。その結果、この福音書が書かれたのだということがわかります。

次にヨハネの福音書15章26―27節を確認します。

わたしが父のもとから遣わす助け主、すなわち、父から出る真理の御霊が来るとき、その方がわたしについて証ししてくださいます。あなたがたも証しします。初めからわたしと一緒にいたからです。

ここでイエス様は、「聖霊が降られたら何をしてくださるのか。聖霊は、私、イエス・キリストについて証しをしてくださる。そして、弟子であるあなたがたも聖霊と一緒に証しをするのですよ」とおっしゃっています。これが実現し、その記録が

「使徒の働き」に書かれています。イエス様が天に帰られ、聖霊が降られてから、聖霊と使徒たちが一緒になってキリストを証しした内容が、使徒の働きの内容なのです。

さらにヨハネの福音書16章13節を読んでみましょう。

しかし、その方、すなわち真理の御霊が来ると、あなたがたをすべての真理に導いてくださいます。御霊は自分から語るのではなく、聞いたことをすべて語り、これから起こることをあなたがたに伝えてくださいます。

ここでも聖霊が降ると「あなたがたをすべての真理に導」くと書かれています。つまり聖書は、聖霊が降られたことによって、神の真理を理解した使徒たちが書いたものなのです。さらに最後には「これから起こること」を伝えてくださる、と書かれていることから、ヨハネの黙示録についても言及されていることがわかります。

イエス・キリストは、ご自身の昇天後、聖霊が降られることによって新約聖書が書かれると預言しました。モーセによって書き始められた聖書が、ヨハネの黙示録によって完成されます。その間には約１６００年という考えられない時間の隔たりがありますが、明確な一貫性があります。一本の筋が通っているのです。あたかも一人の著者が書いたかのように、創世記で始まったことが矛盾なく展開し、黙示録で完成しているのです。

あたかも一人の著者が書いたかのように読める聖書、実際には神様に用いられた約40人の人々が記しています。それでも一貫性が保たれているのは、彼らが神様に用いられ、神様の導きの下に書かれたからなのです。

■数千年のときを超えて、正しく継承される聖書の秘密

聖書が書かれた素材は羊皮紙やパピルスなどで、これらは長期間保存することができません。ですので、写本を作り、次の世代に残していく作業が取られます。

その写本を作るために、作成者たちは休むことなく一心にその作業に打ち込みま

した。その結果、今も多くの写本が存在しています。

彼らは一字一句間違わないよう最大限の注意を払いながら写本を作成しましたが、作業は人間が行っていたので、眠気に負けてしまうこともあったかもしれません。

そのため、1つの写本にはある表記があり、別の写本には違う表記があるという差異が存在します。しかしそれは本当に微々たるもので、原文は99.99%の精度で保持されています。

また、写本保存の過程にも神様の守りがありました。その特筆すべき例として、「死海文書」の例が挙げられます。死海文書は約2000年間もの間、保全されていたものです。まさに神の守りがあったと感じさせます。よく守られていてくれた、と思います。

20世紀になるまで、最古の聖書の写本は約1000年前のものだと考えられており、それが本当に正確な内容を伝えているのかについて疑問を抱く人もいました。

しかし、20世紀に入り死海文書が発見され、最古の写本が今まで発見されたものよりさらに１０００年前のものであることが明らかになりました。そして驚くべきことに、その１０００年間に生じた二つの写本間での違いは、ほとんどなかったのです。このことから、神様は保存の過程においても守りを与えてくださったことがわかります。

聖書は歴史を通じて、世の権力者たちから嫌われ、危険にさらされ、焼き払われることもありました。たとえば、紀元３０３年にはディオクレティアヌ皇帝が「聖書を見つけたらすべて焼き払え」という命令を出しました。すべて焼き払ったという報告を受けた際には、記念メダルまで鋳造したのです。しかし、すべて焼き払ったと思っていても一部がどこかに隠されていたため、今日私たちが手にすることができているのです。

近代の世界を見ても、共産主義の国々で聖書は没収され、焼かれることがありました。聖書を持っていると逮捕されることもありました。しかし、そのような状況でも、神様はご自身の言葉を守り続けてくださいました。

聖書は原典において誤りのない神の言葉とされています。しかし原典はなく、写本のみ存在します。また、私たちは写本もそのままでは読めません。旧約聖書はヘブライ語、新約聖書はギリシャ語で書かれているからです。翻訳に頼る必要があります。

この翻訳に関しては、神の霊感を受けたとは言えません。これは人間の作業です。もちろん翻訳者たちは、一生懸命誤りのないよう、正しく翻訳するために努力しています。それでも、翻訳者の解釈や前提によって、原文への誤解が生じることがあります。そのため、原語を読めない読み手には、聖書の複数の翻訳を、読み比べる努力が必要とされます。

しかし、原典において聖書は、神の霊感によって書かれたものである。これは、私たちが持つ聖書信仰の1つです。

■聖書の読み方に潜む「誤り」いくつかのワナ

「これは聖書に書かれているけど、こんなことある?ちょっと無理でしょう」と思う記述が聖書には出てきます。そんな記述に直面した際、「これはそういう事実があったというより、何かを後代の人たちに伝えたくて書いた比喩なんだよ」と解釈する人たちが現れました。これが自由主義神学と呼ばれるものです。

たとえば、イエス・キリストが、少年の差し出した５つのパンと２匹の魚によって、５０００人を満腹にさせたエピソードがあります。それを読んで「そんなの無理だ。実際には、少年がお弁当を差し出す行為に触発されて、大人たちが次々と自分の食べ物を差し出したのだ。それによって皆のお腹が満たされた。だから我々も自分が持っているものを惜しまずに差し出しましょう」という結論にしてしまう解説もあります。

聖書の解説やメッセージとしては、わかりやすく完成されているかもしれません。しかし、この解説は、神であるイエス様でもそんな奇跡は起こせない、という前提に立っていることを示しています。

ですから、他にも聖書に記載されている、イエス・キリストがガリラヤ湖を歩いたことなど信じられなくなります。「そんなことあるわけないじゃないか」と。このような人間の理性が受け入れられないことに関して、自由主義神学では、常識的に、科学的に受け入れられる範囲に聖書理解を閉じ込めてしまいます。

また、このような主張もあります。「厳密に聖書には書かれていないけれども、私は体験した。私が体験したことは間違いない」という主張です。これは、神秘主義と呼ばれます。これもまた危険な考え方です。人間は主観的な存在であるため、体験に基づくものが真理とは限らないからです。

また、「あの○○大先生がこう言っていたから、間違いない」という考え方も危険です。信頼できる情報源であっても、本当に聖書がそう言っているのかと常に疑問を持ち、自分で聖書を確認することが重要です。

さらに、「聖書は素晴らしいが、それだけでは不十分だ。モルモン経が必要だ。原理講論が必要だ」というように、聖書に付け加えようとすることも異端の道につながってしまいます。

これらの間違いは、神の言葉である聖書が完璧なものではないから、人間が補完しようという考え、また、人間が神の言葉の上に立とうとする考えから始まります。

私たちは、聖書は原典において誤りなき完成された神の言葉であるという「聖書信仰」の立場に立つことを、今一度確認したいと思います。

■今、そのまま適用すべきでない聖書箇所を私たちはどう読むべきか

「聖書にこう書いてあるから、絶対的な基準なのだ、必ず守らなくては」というふうに思うかもしれません。

しかし聖書の、特に旧約聖書の中には、今の時代にそのまま適用すべきではない言葉もあります。たとえばレビ記の11章7―8節にこう書かれています。

豚。これはひづめが分かれていて、完全に割れてはいるが、反芻しないので、あなたがたには汚れたものである。
あなたがたは、それらの肉を食べてはならない。

聖書は誤りなき神の言葉。豚肉を食べてはいけないと書いてある。だから私たちはこれを守らなければならない、とあなたは思われますか？

この豚肉を食べてはいけない、という記載に関連する箇所は、新約聖書にも登場します。使徒の働き10章で、使徒ペテロはヤッファという港町の皮なめしシモンの家に滞在します。そのとき、神様から幻を見せられるのです。

その中には、あらゆる四つ足の動物、地を這うもの、空の鳥がいた。（使徒の働き10章12節）

その中には当然、豚も入っていたでしょう。

そして彼に、「ペテロよ、立ち上がり、屠って食べなさい」という声が聞こえた。（使徒の働き10章13節）

レビ記の中で食べてはいけないと言ったのに、ここでは食べよと言う。どういうことなのでしょうか。

しかし、ペテロは言った。「主よ、そんなことはできません。私はまだ一度も、きよくない物や汚れた物を食べたことがありません。」（使徒の働き10章14節）

こうペテロが答えたときに、神様は「よく言った、ペテロ。さすがお前はキリストの一番弟子だ。私の規則をちゃんと守って偉いね」と答えてくださるかと思いきや、違いました。

すると、もう一度、声が聞こえた。「神がきよめた物を、あなたがきよくないと言ってはならない。」（使徒の働き10章15節）

これは何を意味するのでしょうか。私はクリスチャンになったばかりのころ、この文章を読んで混乱しました。神様は気まぐれで、以前は食べてはいけないと言っていたものが、今は食べてもいいと言ったりするのでしょうか。神様はコロコロ気持ちが変わる方なのでしょうか。それとも違う判断基準を持っている別の神様がいるのでしょうか。

いや、そうではないはずです。神様はお一人であり、旧約聖書に出てくる神様も新約聖書に出てくる神様も同じ神様です。そして、聖書には一貫性があるはずです。きっと、私にはまだわからない何らかの法則があるのだと思いました。

イエス・キリストはユダヤ人として生まれ、モーセの律法を唯一完璧に守り通され、守れなかった人たちのために十字架で死に、私たちをモーセの律法から解き放ってくださった。そして、復活し、昇天し、聖霊が降臨したことで、新しい時代が始まりました。

これは教会時代、または恵みの時代と呼ばれます。つまり、私たちは今、モーセの律法の下にはいない時代に生きているのです。ですから、神様は今も昔も変わらないお方で、聖書もすべて神の言葉ではありますが、その時代によって私たちが直接適用すべき言葉と、そうではなくその時代の人たちに向けられた言葉だと解釈すべき言葉があるのです。

では、教会時代に生きる私たちに直接語られている言葉とは何でしょうか?それは、聖霊降臨以降に使徒たちが書いた内容、つまりローマ人への手紙以降の聖書の内容です。これは私に関係があるのかないのかと問う必要のない、紛れもなく私たち教会時代のクリスチャンに向けて語られた言葉です。

しかし、昔の時代に生きる人たちに対して書かれた言葉を通しても、教会時代に生きる私たちに直接書かれた言葉を通しても、神は今でも私たちに語り続けておられます。

昔の時代に生きる人たちに語られた神の言葉は、神の意図を読み解くことが重要です。そのとき神が、どんな思いで語られたのかを理解することで、今も変わることのない、神の人間への思い、御心を知ることができるのです。

ここで、さらに疑問が出てきます。教会時代の私たちに対する新しい神の言葉は、今後も与えられ続けるのでしょうか。これについては、聖書の最後の書であるヨハネの黙示録、その最後の章である22章、その最後の節となる18、19節に、こう書かれています。

私は、この書の預言のことばを聞くすべての者に証しする。もし、だれかがこれにつけ加えるなら、神がその者に、この書に書かれている災害を加えられる。また、もし、だれかがこの預言の書のことばから何かを取り除くなら、神は、この書に書かれているいのちの木と聖なる都から、その者の受ける分を取り除かれる。（ヨハネの黙示録22章18―19節）

つまり神の言葉と認められる正典は、ヨハネの黙示録で完成したということです。それ以降、この66巻から足しても引いてもいけないということです。

今私たちの手元にあるこの聖書が、完成された神の言葉であるというのはなんと素晴らしいことでしょうか。私たちの神は、沈黙の神ではなく、語ってくださる神です。そして神は、聖書を通して語ってくださいます。

聖書は信頼できます。ですから、私たちは安心してこの上に自分の人生を築き上げていくことができるのです。聖書の御言葉で人生が守られるのです。聖書に表された神の言葉に従って歩んでいく者でありたいと思います。

第3章

サタンと悪霊に、私たちは対抗できるのか

第3章　サタンと悪霊に、私たちは対抗できるのか

サタンと悪霊は現実に存在し、人間を神から引き離そうとするが、その力は限定的である。

前章では、「聖書は信頼できる」ことについてお話ししました。そうであるなら、聖書の中にたびたび登場するサタンや悪霊も、現実に存在することがわかります。イエス・キリストご自身も、サタンや悪霊について何度も言及しておられます。つまり、これはおとぎ話ではないのです。

私たちが昨今耳にするニュースの中には、どうして人間がここまで残酷になれるのだろうか、と我が目を、我が耳を疑うような内容がたくさんあるのではないでしょうか。サタンが影響を及ぼしているとしか思えないような出来事があります。

ではサタンとはどのような存在なのか、聖書を通して正しく理解しましょう。サタンはもちろん神ではありません。永遠の存在ではありません。始まりのある、創られた存在にすぎないのです。

■サタンも神が創られた？天使と悪魔はなぜ存在するのか

人も動物も、この世にある被造物は、すべて神様が創られました。では、なぜ神はサタンを創ったのでしょうか。実は神はサタンを意図して創ってはいないのです。神が創ったのは天使なのです。ですから、実はサタンについて知るためには、まず天使について知る必要があります。

神様はご自身に仕えるものとして、またご自身の計画を成し遂げるために用いるものとして、数多くの天使を創られたことは、聖書を通してわかります。たとえばヘブル人への手紙1章14節にこうあります。

御使いはみな、奉仕する霊であって、救いを受け継ぐことになる人々に仕えるために遣わされているのではありませんか。

奉仕する霊と書いてあります。救いを受け継ぐ人々に仕えるために存在しているのです。では御使いは、どれくらいいるのでしょうか。同じヘブル人への手紙12章22節には「**無数の御使いたち**」という言葉がありますから、数え切れないほど多くの天使を神様は創られたことがわかります。

では、天使は、いつ創られたのでしょうか。天使は、天地万物が創られる前に創造されました。それは、ヨブ記の38章からわかります。

わたしが地の基を定めたとき、
あなたはどこにいたのか。
分かっているなら、告げてみよ。（ヨブ記38章4節）

神はヨブにお尋ねになります。「**地の基を定めたとき**」と４節で言って、その上でヨブ記38章７節では、以下のように語ります。

明けの星々がともに喜び歌い、
神の子たちがみな喜び叫んだときに。

「明けの星々」と書かれていますが、「星」という言葉が聖書の中で象徴的に用いられるとき、それは常に天使を指します。そして「神の子たち」も天使を指す言葉です。つまり、地の基が定められたとき、天使が大いに喜んだということですから、天地万物が創られる前に、神は天使を創られたということがわかります。

星が象徴的に用いられるときに天使を指すということは、どこからわかるのでしょうか。ヨハネの黙示録１章20節にこういう言葉があります。

あなたがわたしの右手に見た七つの星と、七つの金の燭台の、秘められた意

味について。七つの星は七つの教会の御使いたち、七つの燭台は七つの教会である。

七つの星が七つの御使いたちを象徴する言葉であると、聖書自体が教えてくれています。

また、天使には階級があります。一般の天使の中で私たちが名前を知っているのは、2人だけです。天使長と言われるミカエルと、クリスマスのときに用いられたガブリエルです。

この一般の天使の上にセラフィムという天使がいます。この天使は、イザヤ書の6章に登場し、6つの翼を持っていると書かれています。セラフィムという言葉は複数形で、単数形だとセラフです。

そしてこのセラフィムのさらに上に、ケルビムという最も位の高い天使がいます。このケルビムというのは複数形で、単数形はケルブと言います。イスラエルの神殿の至聖所の中にあった契約の箱の上に、その鋳造したものが乗っています。

ケルブは2つの翼を持っています。サタンはもともとケルブとして創造されました。そのことが、エゼキエル書28章14節に書かれています。

わたし（創造主である神）**は、油注がれた守護者ケルビムとして**
あなた（のちのサタン）**を任命した。**
あなたは神の聖なる山にいて、
火の石の間を歩いていた。

ここにケルビムと書かれていますが、聖書の『新改訳２０１７』という訳を見ますと、そこに※印が付いていて、脚注に、ケルビムの単数形のケルブと書いてあります。つまり、ケルビムと書かれてはいるけど、サタンは一人で単数なので、本当はケルブです、という注釈が付いたわけです。そして同じエゼキエル書の28章12節には、サタンのことをこのように表現しています。

あなたは全きものの典型であった。
知恵に満ち、美の極みであった。

知恵があり、素晴らしい、美しい存在だった。サタンはそのことのゆえに高慢になってしまったのです。

神は人間と同様に、天使にも自由意志を与えました。神に仕えるという自由、神に逆らうという自由、その中で神に仕えることを選んでいる天使が、良い天使として用いられています。

しかし、この与えられた自由意志をサタンは悪用しました。自分の美しさ、自分の頭の良さに酔いしれて、私も神のように礼拝されてもいいじゃないかと考えたわけです。そのことについて、イザヤ書の14章にこう書かれています。

明けの明星、暁の子よ。
どうしておまえは天から落ちたのか。（イザヤ書14章12節）

ここでも「明けの明星」という言葉が使われています。さらにこう続きます。

国々を打ち破った者よ。
どうしておまえは地に切り倒されたのか。
おまえは心の中で言った。
『私は天に上ろう。
神の星々のはるか上に私の王座を上げ、
北の果てにある会合の山で座に着こう。（イザヤ書14章12―13節）

ここでも「神の星々」と言っています。この星々というのは、多くの天使たちのこと、そしてサタンはその御使いたちすべての一番上に私の王座を作るのだ、という意味です。

密雲の頂に上り、

いと高き方のようになろう。』（イザヤ書14章14節）

密雲とは、聖書にときどき登場する主の栄光「シャカイナグローリー」のことです。その頂きに上り、いと高き方、つまり神のように私はなるのだ、とサタンは考えたのです。その結果、以下のようになります。

だが、おまえはよみに落とされ、穴の底に落とされる。（イザヤ書14章15節）

この短い節の中に、サタンがどのようにして神に反逆し、そして最終的に落とされる存在となったかが描かれています。

サタンの罪は高慢であったことです。高慢の罪により神に近しい存在である天使が、神に反逆するサタンになってしまったのです。そして、これこそ私たち人間も最も注意しなければならない罪であることがわかります。

■サタンが人を支配する……。その恐ろしいプロセスとは

罪の根源とは何か、それは神のようになりたいという心です。神のようになりたい、偉くなりたい、威張りたい、他者へ自分の言うことを聞かせたい、自分の思い通りにしたい、これが、サタンが最初に持った願いでした。

サタンは神に対するクーデターを起こしました。そして、自分一人で反逆したのではなくて、今まで自分の部下であった数々の天使たちを説得し、誘惑したのです。どれくらいの天使がそのサタンの誘惑に乗ったのでしょうか。聖書から、全天使の3分の1であるということがわかります。

その尾は天の星の三分の一を引き寄せて、それらを地に投げ落とした。（ヨハネの黙示録12章4節）

ここでもまた「星」という言葉が使われています。もうこれが天使を指している

ことはおわかりですね。サタンはその三分の一を自分の配下に置きました。サタンも悪霊ももともとは天使でした。しかし、サタンに付き従った天使のことを堕落した天使「堕天使」と呼んだり、私たちは今日「悪霊」と呼んだりしています。

そして、このとき以降、その数は増えたり減ったりはしていません。つまりサタン（悪魔）は一人で、その下に多くの悪霊を従えています。

前述した通り、サタンは神ではありません。ですから、永遠の存在ではないし、偏在もできない。同時に何箇所にも存在することはできないのです。だから、この悪霊のネットワークを使い、悪霊どもに指示を与えることによって、世界中で悪事を働いています。

ときどき「あの人はサタンだ」とか、「あの人はサタンに取り憑かれている」などと言う人がいますが、それは間違いです。サタンであるはずがないのです。

サタンは一人しかいないわけですから、誰かの中に入ってしまったら、悪霊どもに命令を下すことができません。ですから、いちいちサタン自身が誰かに入るのではなくて、悪霊どもを入らせるということです。
ただ唯一の例外は、イエス様を裏切ったイスカリオテのユダです。彼に関しては
このように書かれています。

夕食の間のこと、悪魔はすでにシモンの子イスカリオテのユダの心に、イエスを裏切ろうという思いを入れていた。（ヨハネの福音書13章2節）

最初からサタン（悪魔）がユダの中に入ったのではありません。まず思いを入れたのでした。「イエスを裏切って売ったらいい金になるぞ。どうだ、ユダ？」という思いを入れて、「それもいいな、そうしようか。」とユダは考え始めた。そして、以下、続きます。

ユダがパン切れを受け取ると、そのとき、サタンが彼に入った。（ヨハネの福音書13章27節）

つまり、ユダだけがサタンが入った人間として聖書に記されているのです。勝手に入り込んできたというより、ユダがサタンの侵入を許したのです。ですから、聖書は、サタンに侵入の機会を与えてはいけないと語ります。

悪魔に機会を与えないようにしなさい。（エペソ人への手紙4章27節）

このエペソ人への手紙4章の文脈の中での「機会」、つまり悪魔の侵入口として挙げられているのは、激しい怒りです。怒ったときは、悪魔に侵入口を与えやすいので気をつけなさいと、書かれています。

怒っても、罪を犯してはなりません。憤ったままで日が暮れるようであってはいけません。（エペソ人への手紙4章26節）

その他にサタンの侵入口となり得るのは、神に対する意図的な反逆、または習慣的な罪、オカルトなどです。こういうものはサタンの侵入口になりやすいです。

■サタン、その5つの名前が示す神と敵対する性質

ではサタンは聖書ではどのように呼ばれているのでしょうか。第一の名前は「破壊者」です。ヨハネの黙示録9章11節にこういう言葉があります。

いなごたちは、底知れぬ所の使いを王としている。その名はヘブル語でアバドン、ギリシア語でアポリュオンという。

「いなごたち」というのは、虫のイナゴではありません。このヨハネの黙示録9章では、悪霊がいなごとして登場しています。

「悪霊どもの王」と呼ばれている者、その存在はヘブル語で「アバドン」、ギリシャ語で「アポリュオン」です。ここも聖書の『新改訳2017』では※印が付いてい

て、脚注に日本語の意味があります。アバドンは「破壊」、アポリュオンは「破壊者」つまり「破壊する者」という意味です。

サタンは、何を破壊するのでしょうか。神の計画を破壊しようとし、私たちと神様の良い関係を破壊しようとし、私たちの良い人間関係を破壊しようとし、私たちの幸せを破壊しようとしているのです。

ときどき「小悪魔」などと可愛らしい名前を使っているのを見ますが、悪魔とは決して可愛いものではありません。とことん破壊し尽くす存在です。夫婦を、家庭を、子どもたちを、教会を、国の未来を、あの手この手を尽くして破壊しようとするのがサタンなのです。

しかし「俺は破壊者だぞ」というような出で立ちで近づいてくるほど、サタンは愚かではありません。非常に賢い存在なのです。コリント人への手紙第二11章14節にこう書かれています。

しかし、驚くには及びません。サタンでさえ光の御使いに変装します。

あたかも光の天使であるかのように登場するのです。ですから、私たちは気をつけなければなりません。イエス様が私たちに、鳩のような素直さと同時に、蛇のような聡さを持ちなさいと言われたのはそのためです。

サタンの第二の名前は「告発者」です。この言葉は、ヨハネの黙示録12章10節に登場します。

私たちの兄弟たちの告発者、昼も夜も私たちの神の御前で訴える者が、投げ落とされたからである。

サタンは神の前で、私たちのことを「こいつはこんな罪を犯した奴ですぜ」「あなたの前になんか立てるような者じゃないですよ」「決して教会になんか行けるような者ではない！」と日々告発し、神の前で訴えている存在なのです。

健全な罪責感は、私たちがイエス様を信じる上で大切です。しかしサタンは、私たちに間違った罪責感を与え続ける存在です。それに耳を傾けていると「そうだ、サタンの言うこともっともだ」「私なんか救われるはずがない」「もう信仰投げ出そう」というような結論へ導かれそうになります。その背後にはサタンの囁きがあるのです。

サタンの三番目の名前は「この世の神」です。

彼らの場合は、この世の神が、信じない者たちの思いを暗くし、神のかたちであるキリストの栄光に関わる福音の光を、輝かせないようにしているのです。（コリント人への手紙第二4章4節）

サタンは「この世の神」と呼ばれています。そこにも自分が神のように礼拝されたいと願っているサタンの性質が現れています。自分を拝ませるために、人々がイエス様を信じないように働くわけです。

イエス・キリストが語られた例話の1つである「4つの土地のたとえ」にもサタン

は出てきました。神の御言葉という種が道端に落ちたとき、鳥が来て食べてしまった。鳥とは何でしょうか。それは、サタンである、とイエス様は解説をしてくれました。

道端に蒔かれたものとは、こういう人たちのことです。みことばが蒔かれて彼らが聞くと、すぐにサタンが来て、彼らに蒔かれたみことばを取り去ります。（マルコによる福音書４章15節）

使徒の働きを読むと、世界宣教が始まり新しい地域に福音が述べ伝えられようとする際に、サタンは必ず、激しい妨害をもたらすことがわかります。

たとえば、はじめての世界宣教の際、アンテオケ教会からパウロとバルナバが第一次伝道旅行に派遣され、キプロス島に行ったときのことが、使徒の働き13章６節に書かれています。

島全体を巡回してパポスまで行ったところ、ある魔術師に出会った。バルイエスという名のユダヤ人で、偽預言者であった。

「このキプロス島は、今まで福音が一度も入ったことがない我々の縄張りだ。そこにお前は何をしにやってきた」と言わんばかりに、サタンはこの魔術師を使って、パウロとバルナバの伝道を妨害してきました。

さらに、使徒の働き16章でパウロは、ピリピという町に行きます。それは世界宣教において、画期的な出来事でした。今日のトルコからギリシャに渡る、つまりアジアからヨーロッパに福音が入るための起点となる場所だからです。そのとき、誰が邪魔をしたのか。使徒の働き16章16節を見てみましょう。

さて、祈り場に行く途中のことであった。私たちは占いの霊につかれた若い女奴隷に出会った。

ここでは、占いの霊に憑かれた若い女奴隷を使って、サタンはパウロとシラスの伝道を妨害したということがわかります。サタンは自分が拝まれるために、福音が伝わることを妨害しようとする存在なのです。

四番目に、サタンは「偽りの父」と呼ばれています。ヨハネの福音書8章44節でイエス様ご自身が教えてくださいました。

悪魔は初めから人殺しで、真理に立っていません。彼のうちには真理がないからです。悪魔は、偽りを言うとき、自分の本性から話します。なぜなら彼は偽り者、また偽りの父だからです。

ふつうは嘘をつくときにドキドキしたり、変な汗をかいたりしますが、サタンは偽りの父ですから、真顔で「本当だよ」と言いながら嘘をつくような存在なのです。恐ろしいものです。

よく心霊現象や怪奇現象が起こる場所では、サタンが強く働いているかのように思いがちですが、サタンの最大の武器は嘘です。

サタンが私たちに信じさせようとする嘘は「サタンは怖いよ」という嘘です。次に「サタンを怒らせると何が起こるかわからんよ」「サタンは何でもできるよ」という嘘。最後に、サタンが一番信じてほしい嘘は「サタンなんか、いるわけないでしょ、この21世紀にそんなこと信じているの?」という嘘なのです。

そしてこの嘘を通して、「神なんかいないんだよ。」「そんなに真剣に信じたって無駄だよ」「お前の人生に意味なんかないんだよ」と、私たちに絶望という嘘をもたらし、「お前がイエスを信じたって救われるわけがないでしょ」と私たちを神から遠ざけるような嘘をついてきます。

ですから、私たちは自分がどう感じるかではなくて、聖書が何と言っているか、聖書信仰にしっかりと根ざし続ける必要があるのです。

五番目に使われているサタンの名前、それは「試みる者」という名です。これは別の言葉を使うと「誘惑する者」です。

サタンは誘惑します。なんとサタンは私たちだけでなく、イエス様ご自身をも誘惑しました。マタイの福音書４章３節を見てみましょう。

すると、試みる者が近づいて来て言った。「あなたが神の子なら、これらの石がパンになるように命じなさい。」

「試みる者」と書かれていますが、これも『新改訳２０１７』では※印が付いていて、脚注に、別訳は「誘惑する者」と書かれています。イエス様はこの誘惑に打ち勝ってくださったのです。そしてサタンの誘惑に打ち勝つことによって、この方は私たちのメシア、救い主となられる方だと証明してくださったのです。

■イエス・キリストに学ぶ、サタンに打ち勝つ方法とは

イエス様がサタンの誘惑に勝利した方法に、私たちが模範とすべき姿があります。イエス様は、ご自分の力でサタンに対抗したのではなく、３回すべての誘惑に対し

て3回とも聖書の御言葉、特にこの場面では、申命記の御言葉を使って対抗しました。「何々と書いてある」と聖書の言葉を引用することによって、打ち勝ってくださったのです。

イエスは答えられた。「『人はパンだけで生きるのではなく、神の口から出る一つ一つのことばで生きる』と書いてある。」（マタイによる福音書4章4節）

イエスは言われた。「『あなたの神である主を試みてはならない』とも書いてある。」（マタイによる福音書4章7節）

そこでイエスは言われた。「下がれ、サタン。『あなたの神である主を礼拝しなさい。主にのみ仕えなさい』と書いてある。」（マタイ4章10節）

このように、聖書の言葉をそのまま引用することによってイエス様はサタンと対峙し、その結果「悪魔はイエスを離れた」のです。

「聖書は誤りなき神の言葉であること」を私たちは学びました。イエス様ご自身も聖書の言葉を使い、サタンに打ち勝ってくださいました。私たちも同じように、聖書の言葉によって悪魔に打ち勝つことができるのです。

何が嘘で何が本当なのか。このことは、私たちが聖書を学ぶ以外には知りようがありません。エペソ人への手紙は、パウロがかつて伝道したエペソの町に今もいるキリスト信者に対して書いた手紙です。その最終章の最後でパウロはこう語ります。


悪魔の策略に対して堅く立つことができるように、神のすべての武具を身に着けなさい。（エペソ人への手紙6章11節）

エペソの町にはアルテミスという女神の神殿があり、魔術も盛んに行われていた場所でした。そこに住むクリスチャンに対して、悪魔の策略に対して堅く立ち向かうことができるように、神の武具を身につけよ、とパウロは勧めたのです。

神の武具とは何でしょうか。いくつか出てくるわけですが、エペソ人への手紙6章17節にはこうあります。

救いのかぶとをかぶり、御霊の剣、すなわち神のことばを取りなさい。

つまり、イエス様が、誘惑をしてきたサタンに対し、聖書の言葉を引用し「何々と書いてある」とおっしゃったように、私たちも御霊の剣である神の言葉を用いるべきです。パウロは、聖書の言葉が、サタンに対抗するときの御霊の剣になることを説いています。

私たちは聖書を学んで知識として理解するだけではなく、学んだことを実践し、現実的にサタンに対抗することができます。

ですから、神に従い、悪魔に対抗しなさい。そうすれば、悪魔はあなたがたから逃げ去ります。（ヤコブの手紙4章7節）

悪魔が私たちから逃げ去る方法とは何でしょうか。第一に神に従い、第二に悪魔に対抗することです。聖書を学んで得た真理が自分の血肉となり、武器として使えるようになることが、悪魔に対抗する最も強力な方法であるということがわかります。

私たちにとって天使は人間以上の存在、元天使であるサタンもそう見えるかもしれません。しかし、神から見ればサタンは被造物に過ぎません。私たちが神に従っている限り、恐れるに足りないわけです。

このサタンや悪霊というテーマは、バランスが大切です。「サタンなんかいない」と言う嘘もあるし「サタンは強くて怖い」という思い込みも危険です。無視してはいけないが、気にしすぎるのも間違っている。サタンを意識するより、私たちが信じている神を見上げ、神をより意識すべきなのです。

さらに聖書は、サタンの未来を教えてくれています。最終的にサタンがどうなるのか、それはヨハネの黙示録20章10節に書かれています。

彼らを惑わした悪魔は火と硫黄の池に投げ込まれた。そこには獣も偽預言者もいる。彼らは昼も夜も、世々限りなく苦しみを受ける。

サタンは最終的に火の池に投げ込まれる、ということが聖書にはっきりと書かれています。この結末を知っていることが、聖書的世界観を持つ人に与えられている祝福であり、強みです。

サタンと悪霊は確かに存在します。それがわかると、なぜこんなことが起きるの?ということとの背景にある原因が見えてきます。そしてサタンや悪霊は私たちを誘惑し、私たちを告発し、私たちを騙そうと、いつも企んでいることがわかります。

しかし私たちは、サタンよりも遥かに強い方と一緒に歩いています。その方と一緒に歩いているんだということに、より意識を寄せる者でありたいと思います。

その方の語りかけに耳を傾け、その方を信頼し、その方の御言葉に従って歩んでいくならば、私たちは恐れることなく、平安のうちに歩み続けることができるのです。

第4章　そもそも人間とは何か

第4章　そもそも人間とは何か

人間は神の目に高価で尊く、永遠の存在であるが、罪の赦しを受け取る必要がある。

聖書的世界観によると、人間とはどのような存在なのでしょうか。詳しく学んでいきたいと思います。

私たち人間は偶然の産物ではなく、神が目的を持って創ってくださった存在であるということを第1章でお伝えしました。さらに詳しく、創世記の1章から3章を通して見ていきましょう。

■「人を、われわれの似姿に造ろう」人が神を、そして永遠を求める理由

創世記の1章では、神は人間以外のすべてのものをお創りになった上で、最後に人間を創ってくださいました。なぜでしょうか。それは何もないところに人間を創っても、すぐに死んでしまうからです。

人間は非常にデリケートな存在です。空気がなければ、食べ物がなければ、快適な環境がなければ、生存することすらできない。そういう私たちです。ですから神は、私たちに必要な太陽も、月も、星も、空気も、海も、植物もすべて創造した上で、私たち人間をお創りくださったのです。

しかも、ただ生存できればよいという最低限の目的で創られたのではないことは、この世界を見るとよくわかります。

私たちが楽しく生きられるように、感動することができるようにと、神のさまざまな心配りを私たちは見ます。いろいろな種類の動物、鳥、美しい花なども神は創ってくださったのです。ペットがお好きな方も多いと思いますが、その動物と触れ合

うとき、神のご配慮が伝わるのではないでしょうか。

それらすべてを創造した上で、人間を創られたということは、赤ちゃんがもうすぐ生まれるときに、その赤ちゃんに必要なおしめもミルクもベビーベッドも全部用意し、「さあ準備はできたよ、いつでも生まれておいで」と言って、待ち望んでいるようなものであると思います。

つまり神は、人間を特別な愛の対象としてお創りになったのです。


神は仰せられた。「さあ、人をわれわれのかたちとして、われわれの似姿に造ろう。（創世記1章26節）

どうしてここで神様はご自分のことを「われわれ」と複数でおっしゃっているのでしょうか。神様はお一人なのではないでしょうか。

神はお一人なのです。しかし、三位一体の神であるがゆえに「われわれ」と言われます。そこには父なる神と、子なる神と、聖霊なる神がおられます。この神は、永遠の昔から永遠の未来まで存在する神。三者がおられるにもかかわらず、一人の神であるのです。

３つの位格（「人格」は人のようになってしまうので、特別な言葉として「位格」と表します）がありながら一人の神。そのことから三位一体という言葉が生まれました。

３つの位格がありながらも、お互いに対立することなく、ぶつかることなく、完璧な愛の調和の中におられるがゆえに、一人の神であることができるわけです。

神は永遠の昔からこの愛の関係の中におられる方です。ですから、その方によって創られた私たち人間にとっても、愛の関係は非常に重要となります。

食べ物がわずかであるとか、給料が少ないとか、そういうことは我慢できたとしても、良い人間関係のない中で生きていくことは、私たちにとって、とても辛いことです。

どうしてこのことを私はこんなに気にするのだろうか。そんなこと気にしなくてもいいじゃないかと自分に言い聞かせても、やはり良い人間関係が私たちにとって必要不可欠なのはなぜでしょうか。それは良い関係の中におられた神様によって、私たちも創られたからに他なりません。

神様が「われわれのかたち」に似せて創造したのが人間です。これが人間と動物の決定的な違いです。動物を創るときには、「われわれのかたちに」とはおっしゃっていないのです。「われわれに似せて」ともおっしゃっていないのです。

動物にはなくて人間にあるものとは何でしょうか。それは、霊です。この霊を通して私たちは神を求め、神を探求し、そして神を見出します。そして神と交流することができるのです。

ですからどんなに高度な知能を持ったチンパンジーであっても、神を求める姿を私たちは見ることはありません。バナナを食べる前に「神様、このバナナを感謝します」と祈るチンパンジーを私たちは見ることはないですよね。

しかし私たち人間には、一様に自分を超越した神という存在を求める心が与えられているわけです。

■人間は、永遠に生き、愛の関係を求める存在

そして神に似せて創られたというとき、もう1つの確認したいポイントがあります。それは、私たち人間も永遠に生きる存在として創られたということです。もちろん人間は、地上での生涯には限りがありますが、そのあとも続く世界において永遠に生きるように創造されています。

もし動物が永遠に生きる存在として創られているのだとするならば、私たちはとてもその動物を屠殺して食べようとはならないと思います。

私たちは、永遠の神によって創られたゆえに、永遠に思いを馳せるということもするわけです。あらためて聖書から、神がどのように人を創られたのか、確認していきましょう。

神は人をご自身のかたちとして創造された。神のかたちとして人を創造し、男と女に彼らを創造された。（創世記1章27節）

26節に続いてもう一度ここで「ご自身の形に創造した」とされ、さらに男と女とに創られたと書かれていますから、この箇所だけ見ると、男と女をほぼ同時に創造されたように私たちは思うのですが、2章に入っていくと、さらに詳細に述べられています。

2章の記述を読むときに、1章と2章の関係は何だろうかと私たちは思うのですが、この繰り返される記述を、聖書の「再記述の法則」と言います。最初に概論を述べておいて、特にその重要な部分をもう一度繰り返し詳細に述べる。特に人間の創造について、それは非常に重要であるがゆえに、2章に入ってもう一度詳細に語っているのです。

神である主は、その大地のちりで人を形造り、その鼻にいのちの息を吹き込まれた。それで人は生きるものとなった。（創世記2章7節）

ここでは、どのようにして最初の人アダムという男性が創られたかということが書かれています。人間以外のものは、すべて「光あれ」というような言葉で神様は創られましたが、人間はもっと細かく創造されています。

「大地のちりで人を形造り」とあります。こんな作業をした上で、しかしそれだけだと人形のようなものだから「その鼻にいのちの息を吹き込まれた」。そのいのちの息のゆえに、人間は永遠の存在となったのです。

神が人を創造されたとき、まず、アダムが創られました。アダムとエバを同時に創ったわけではありません。このアダムは、天地創造の６日目に創られました。そのあと、エデンの園に彼を置き、そのエデンの園を耕させ、管理させるという役割を与えました。

さらに神は、さまざまな動物や鳥をアダムのところに連れてきて、アダムに名前を付けさせます。名前を付けるということは、それらに対する支配権を持つことを意味します。

アダムは楽しかったでしょう。神が創造されたさまざまな動物を見て「神様、素晴らしいですね、こんなに美しいデザインによく創られましたね」と感動しながら、名前を付けたと思います。

しかし名前を付け終わったあとに、彼は一抹の寂しさを覚えたわけです。どんなにこのペットが可愛くても、「神様って本当に素晴らしいよね」と話したとき、頷いてくれて、一緒に感動してくれて、想いを共にしてくれる存在は、動物の中にはいなかった。

「私は、この神様の素晴らしさを共有することのできる存在が欲しい」という強烈な思いを、アダムは持つわけです。そこで神様はこうおっしゃいました。


また、神である主は言われた。「人がひとりでいるのは良くない。わたしは人のために、ふさわしい助け手を造ろう。」（創世記2章18節）

このような流れの中で、神は、女性であるエバを創ってくださったのです。アダムをしばらく眠らせて、アダムの「あばら骨」を使ってエバを創りました。アダムがハッと目を覚ましたときに、そこにいたのがエバだったわけです。

アダムは、これまで神の創られたさまざまな被造物を見ながら感動し、「本当に神様、あなたは素晴らしいです」と思っていました。しかし、一番感動したのはエバの存在です。

本当に愛おしくて愛おしくて仕方がない。この人と一緒にいられることがどれほど嬉しいかわからない。この人のためなら何でもしてあげたいと思うような、そのような存在が与えられて、アダムは大喜びです。

そのときのアダムの感動が伝わりますでしょうか。二人の間には、何の対立もぶつかりもない、そんな時が流れたわけです。そういう状態の中で一緒にいられることが、どれほど楽しく麗しい時間であったことでしょうか。

さらに彼らにとって幸せだったのは、神との間に何の隔たりもないことです。神と良い関係を保ち、隣人との間に良い関係を保っていられた。それは人間にとって、最高に幸せな状態です。

そのかすかな記憶が、私たちの魂に残っているのではないかな、と私は勝手に思うのです。この世の中がどんどんおかしくなり、目を覆いたくなるような事件を目にしたとき、「本来あるべき姿はこんな姿でないはずだ」「神との素晴らしい関係、隣人との素晴らしい関係というのが、本当は成り立つはずだ」という「本来のあるべき理想像」のようなものが私たちの中に残っているのではないでしょうか。そして永遠に麗しい、あの状態に戻りたいという願いが私たちの魂の中にあるのではないかと思います。

■罪を犯し、永遠の命を失った人間。しかし、神はあなたを救うことを、諦めない

神も私たちのことを諦めることができませんでした。創世記3章に入ると、人間がサタンの嘘に騙され、神の言葉よりもサタンの言葉を選び、それに従い、罪に落ち、堕落してしまいました。このように人間が神から離れてしまったときにも、神は私たち人間を諦めることができなかったのです。

ですから、創世記3章9節で、神はアダムとエバのいるところにやってきます。このように書かれています。

神である主は、人に呼びかけ、彼に言われた。「あなたはどこにいるのか。」（創世記３章９節）

「こんなによくしてやったのに、そんな罪を犯してしまうなんて……。もうお前のことは知らん。勝手に滅びろ」人間は、こう言われても仕方がないような状態でした。

でも、神は諦めませんでした。それほど人間は大切な存在だった。だから「あなたはどこにいるのか」とおっしゃったわけです。

もちろん神は、人間がどこにいるのか知っていました。これは「そこはあなたのいるべきところなのか。本来あなたがあるべき場所なのか」という問いかけです。彼らがとんでもない状態に今あるのだということを、気づかせようとしたのです。

そしてその直後に神は、人間が神に立ち返るための道、ご自身と和解するための道を用意しようとご計画してくださった。このことが創世記３章を通してわかります。

そして創世記3章15節には、もうすでに「女の子孫」と呼ばれるメシア、救い主をこの世に送るということを、神は約束してくださっています。

そして、この人間がもう一度、ご自分のところに帰るための方法の予表としてアダムとエバに与えたのが、「皮の衣」であるということが書かれています。

アダムとエバは自分たちが罪を犯したとき、恥を隠すために、いちじくの葉を綴り合わせたものを腰の覆いとして作ったと書かれています。それはやがて朽ちていくものでした。そのため、もっと永続性のあるものを神様が与えて下さいました。

神である主は、アダムとその妻のために、皮の衣を作って彼らに着せられた。
(創世記3章21節)

「皮の衣」と一言書かれていますが、これが作られるためには何が必要なのでしょうか。それは、動物の命です。動物が殺されなければならない。血が流されなければならない。その皮が剥がされて、アダムとエバのための衣となったのです。ここに、やがて神が私たち人類を救う方法が予表されているのです。

アダムとエバはその皮の衣を神からもらって、嬉しかったわけですが、しかしそこに死んでいる動物、そして流されている血を見るのです。それは彼らがはじめて見た血であり、はじめて見た死の状態でした。

本来、私が罪を犯したゆえに、この動物のように死ななければならなかった。そんな存在であるにもかかわらず、この動物が身代わりになって、私に皮の衣が提供された。

これは、やがて神のひとり子が私たちの身代わりとなって死ぬのだということの予表として与えられたものだということがわかります。

つまり、そこまでして神は、私たちを取り戻したい。諦めきれなかったわけです。なぜでしょうか。それは、それほどに私たち人間は、神の目に高価で尊い存在だということです。私たちへの愛のゆえに神はそこまでしてくださったのです。

■聖書が繰り返し語る「あなたは高価で尊い」ということ

神は、私たちを救うために、ご自身のひとり子を捧げられました。どうしてひとり子のいのちさえ犠牲にしようと神はお考えになったのでしょうか。それは、それほどに私たちが、神の目に高価で尊いと神がお考えになったからです。

私たちは自分のことをどのように思っているでしょうか。うまくいったときにはよく頑張った、えらい！と思うけれど、あまり良い結果を出せなかったときには、自分の価値を見失ってしまいそうになることもあるかもしれません。

しかし、あなたが自分に対してどう評価するかは、あまり当てになりません。なぜなら、自分の感覚や世の中の判断基準では、あなたの本当の価値は決まらないからです。神があなたに対して何と語ってらっしゃるのか、それが全てです。この言葉に私たちは耳を傾ける必要があります。

わたしの目には、あなたは高価で尊い。

わたしはあなたを愛している。（イザヤ書43章４節）

実はこの言葉は、文脈の中で理解するときに、「あなた」とはイスラエルを指しています。それが第一義的な意味なのですが、その適用として私たちにも語りかけられている言葉である、と私は受け取ってもよいと思います。

なぜそう言えるのか？その理由をマタイの福音書13章で、イエス様が語られた、たとえ話の中に見出せます。

イエス様はマタイの福音書13章で、たくさんのたとえ話を語られましたが、その中の2つを取り上げたいと思います。１つは畑に隠された宝のたとえ、もう１つは高価な真珠のたとえです。

天の御国は畑に隠された宝のようなものです。その宝を見つけた人は、それをそのまま隠しておきます。そして喜びのあまり、行って、持っている物すべてを売り払い、その畑を買います。（マタイの福音書13章44節）

ある人が、畑にすごい宝を発見したのです。これは素晴らしい、全財産投げ売っても惜しくないほどの宝だ、ということで、宝を手に入れるために、持ち物すべてを売り払ったということですね。これは何を意味しているたとえ話なのでしょうか。「宝」という言葉は、旧約聖書の中でイスラエルを指しています。出エジプト記19章5節において、イスラエルは神によって「わたしの宝」と呼ばれる存在であることがわかります。

今、もしあなたがたが確かにわたしの声に聞き従い、わたしの契約を守るなら、あなた方はあらゆる民族の中にあって、わたしの宝となる。（出エジプト記19章5節）

ですから、ここに出てきている畑に隠された宝というのは、ユダヤ人であると解釈することができます。さらに、「天の御国」についてのたとえ話なので、イエス様を信じる者です。つまり、イエス様を信じるユダヤ人のことです。

そしてその人は、イエス様の目に非常に高価で尊いゆえに、イエス様は全財産を投げ出しても惜しくないとお考えになったわけです。この全財産とは、ご自分のいのちということなのですが、この話はここで終わりません。マタイの福音書13章45節からを見てみましょう。

天の御国はまた、良い真珠を探している商人のようなものです。高価な真珠を一つ見つけた商人は、行って、持っていた物すべてを売り払い、それを買います。（マタイの福音書13章45―46節）

先ほどの畑に隠された宝のたとえとほとんど同じ内容ですね。なぜ同じ意味のたとえ話を、イエス様は繰り返す必要があったのでしょうか。それは対象とする宝が違うからです。

真珠というのは、海の中でできるものです。そして海というのは、聖書の中で象徴として「異邦人世界」を表します。さきほどの宝が、イエスを信じたユダヤ人を指すのだとするならば、この真珠は、イエスを信じた異邦人、つまりあなたや私のことを指す言葉であると考えることができます。

イエス様はユダヤ人のキリスト者のことを宝と呼ばれるだけではなく、異邦人の私たちのことを「高価な真珠」と呼ばれるのです。

それがあまりに高価であるがゆえに、イエス様は全財産を投げ打っても惜しくない、ご自分のいのちを投げ出しても惜しくないほどに、私たちのことを思ってくださっているというのです。

なんとありがたいことでしょうか。そして、神であられるこのお方の見立てのほうが、私たち自身の自分に対する評価よりも遥かに正しいわけですから、私たちはこの方の御言葉に耳を傾けるものでありたいと思います。この世の基準がどうであろうが、自分で自分のことをどう思っていようが、私たちは高価で尊いのです。

イエス様はまた、マルコの福音書10章45節でこのようにおっしゃいました。


人の子も、仕えられるためではなく仕えるために、また多くの人のための贖

いの代価として、自分のいのちを与えるために来たのです。

「多くの人の贖いの代価」と書かれています。贖いというのは、買い戻すことです。買い戻すためには、代価が必要です。あなたを買い戻すために、イエス様はいくら払ったのか。それはご自分のいのちだというわけです。

イエス様のいのち以上に高い代価はあるでしょうか。それを払っても惜しくないと思うほどに、神様はあなたのことを高価で尊いと思っておられる。あなたを買い戻したい。あなたの人生を回復したい。あなたの人生を良き方向へと導きたい。イエス様はこのように願っておられる方なのです。

■この大空を、天の月星を創られた神は、あなたを大切に思っている

旧約聖書の詩篇に収められている詩の多くを書いたのはダビデ王ですが、彼はもともとベツレヘムという町の羊飼いの少年に過ぎませんでした。しかしそんな彼を

神は導き、訓練して、ついにはイスラエルの王、しかもイスラエルの歴史の中で最大の王とされました。

ダビデは自分の人生を振り返り、詩を紡ぎます。

ベツレヘムで羊を追いかけていた私が今、この偉大なイスラエルの王となれたとはなんとすごいことか。それは私が優秀だったとか、能力があったのではなくて、ただただ神様の憐れみに他ならない。そんな思いを抱きながら、星空を見上げていたと思うのです。

そうして詠われた詩篇、それが詩篇の8篇です。3節と4節を確認しましょう。

あなたの指のわざである　あなたの天
あなたが整えられた月や星を見るに
人とは何ものなのでしょう。
あなたが心に留められるとは。
人の子とはいったい何ものなのでしょう。

あなたが顧みてくださるとは。（詩篇８篇３―４節）

私もこのときのダビデと同じような思いを持ったことを思い出します。私は17歳でイエス様を信じて、そののち、大学へ行きました。イエス様を信じてまだ２、３年だったと思いますが、大学時代、銭湯に行ったその帰り道、友達と一緒に公園で夕涼みをしていました。そして、そこで星空を見上げたのです。

わぁすごいなぁ……。私のわずかばかりの天体の知識だけで理解できることでも、この大きさ、この広さ、この距離。なんと大きな宇宙なのだろう……。そしてそのとき、私はもうすでに知っていました。これは神の作品なのだ、と。

神様が創られたこの宇宙から見たら、地球なんて本当にちっぽけなものなのだ。その中の見えないぐらいの日本の、その中の弘前という町のこの小さな公園にいる私なんか、吹けば飛ぶような存在だ。いてもいなくてもかまわないような、そういう存在なのに……と一瞬そう思えました。

しかし、そんなちっぽけな私を、神は忘れることなく、しっかりと見つめておられ、イエス・キリストを信じて救われ、この神様を天のお父様と呼べるようにしてくださった。なんとありがたいことか。そう思ったのを昨日のことのように思い出します。きっとダビデも同じような気持ちだったのでしょう。

こんな小さな私の人生を、大切に思って導いてくださる神。そのことを考えたときに、本当に神の恵みに圧倒されました。

私は、神はこんな私をも高価で尊いとおっしゃってくださっているのだということを実感することができました。

私たちは、永遠の神によって創られたゆえに、永遠に生きるものとして創られた。それは素晴らしいことであると同時に、ある意味恐ろしいことです。死んで終わりじゃないのです。死んだのちにも永遠に生き続ける存在なのです。

ですから問題は、私たちが永遠をどこで生きるか、ということなのです。しかしあまりにも人々はこのことに無頓着ではないでしょうか。無頓着ではあるものの、薄々永遠への思いには気づいているがゆえに、死に対する恐れがあるのです。

死んだらどうなるのだろうか。死んだらどこに行くのだろうか。いや死んだらおしまいじゃないか、と自分に言い聞かせても、怖い。それはその永遠に関する知識を私たちが神から与えられているからだと思うのです。

サタンは、死んだらおしまいだよ、だから怖くなんかないよ。死んだらすべてが解決して楽になるよ、と私たちに嘘をつくのですが、そのような嘘に騙されてはいけません。

神は地獄の恐ろしさを一番よくご存知であり、天国の素晴らしさを一番よくご存知である方のゆえに、絶対に地獄に行って欲しくない。なんとしてでも天国に来てほしい、わたしの元に来てほしい、と私たちを招いておられる方なのです。神にそう願われるほどに、あなたは高価で尊い存在なのです。

第5章

なぜキリストは、私たちを救えるのか

第5章　なぜキリストは、私たちを救えるのか

イエス・キリストは神であり、人である。
それゆえ、私たちの救いの業を完成させることができる。

神は人を素晴らしい存在として創り、一人でいなくてもよいように、エバという最高のプレゼントまで用意してくださいましたが、人はなんと、その自由意志を使って、神の言葉よりもサタンの嘘を信じてしまい、堕落してしまいました。

しかし、たとえ道を踏み外した子であったとしても、親が我が子をどうしても諦められないのと同じように、神も私たちのことを諦めることができなかったのです。なぜなら私たちは神の目にあまりにも高価で尊い存在であり、そして永遠に生きる存在であるからです。

そこで神は人間を救う計画を立ててくださいました。しかし神は、ご自身のご性質に逆らって何かをすることはできない方です。

■正義と愛と。２つの性質を持つ神の苦悩

神のご性質とは何でしょうか。さまざまありますが、２つ挙げるならば、１つは義の性質。もう1つは愛の性質です。義の性質からみると、罪を犯した者は正しく裁かなければならない。愛の性質からみると、なんとか赦してあげたい。このように思うわけです。

この２つの性質というのは、どこまで行っても並行線であって決して交わることができません。

この２つの神の性質を満たしつつ人間を救うことのできる方法は、ただ1つしかありません。それは、人間が受けるべき神の刑罰を、身代わりに誰かが受けることによって、人間が赦されるという方法です。

しかし、身代わりとしてその罪の刑罰を受けるその誰かは、罪を持っていてはいけない。その人自身が罪を持っているならば、その人もその罪の刑罰を受けなければならなく、他の人の刑罰を受けることができないからです。ですから、身代わりになるには罪のない人でなければならない。

しかしアダムとエバが罪を犯して以来、罪のない人というのは一人も存在しないのです。そのため、子なる神であるイエス・キリストが、人となってこの地上に来てくださる以外に道はなかったのです。そしてそれを神は実行してくださった。これがクリスマスの出来事でした。

■聖書が示す、神であり、人であるイエス・キリスト

ですから、イエス様は罪なく産まれるために、どんな生まれ方でもいいというのではなくて、処女降誕でなければならなかったのです。このことはイザヤ書7章14節に預言されていました。この預言の成就が書かれているのがマタイの福音書1章

22―23節です。

このすべての出来事は、主が預言者を通して語られたことが成就するためであった。
「見よ、処女が身ごもっている。
そして男の子を産む。
その名はインマヌエルと呼ばれる。」
それは、訳すと「神が私たちとともにおられる」という意味である。

すべての人間は生まれるときに、すでに罪の性質があります。これを「原罪」と言います。イエス様は、原罪が入らない状態で生まれなければならなかったゆえに、処女マリアを通して聖霊によって身ごもり、お生まれになったお方なのです。
ですから、原罪を有していない状態でお生まれになったという点において、イエス様は最初の人アダムと同じ状況にあったわけです。

アダムは創られたときに罪がありませんでした。原罪のない状態です。そして神から自由意志が与えられていたので、このまま罪を犯さないで生き続けることもできたし、罪を犯すこともできた、という状態でした。この状況において、アダムは罪を犯し、人類に原罪が入ったのです。

イエス様も罪なき方としてお生まれになりました。ですからサタンとしては、何としてもこのイエス様にも罪を犯させることによって、メシアとしての資格を奪い取ろうと考えます。

そこで、サタンは、イエス様がバプテスマを受けて、いよいよ公生涯を始めるというその前に、荒野において罪を犯すよう誘惑をしたのです。

これはマタイの福音書4章に書かれていますが、「サタンと悪霊は現実に存在する」という章でお話しした通り、イエス様はその誘惑にことごとく打ち勝ってくださいました。つまり、誘惑を受けた以降も罪なき人生を歩み続けてくださった。

その結果、人類史上ただ一人、罪のない人として、その人生を全うされたゆえに、イエス様は、私たちの罪の身代わりとして死ぬという資格を有してくださったのです。

イエス・キリストというお方は、神であられたが、人になられたお方です。このように聞くと私たちはすぐに、「じゃあ何パーセント神で何パーセント人だったの」と聞きたくなりますね。

そして、私たち人間は、足して１００％にならなければならないと考えているゆえに、「じゃあ50％神で50％人間だったのか」などと考えがちですが、聖書はそういう考え方をしません。

この方は１００％神であられたが、１００％人間となられた。これが、聖書を理解していく上で、とても重要なポイントなのです。

福音書を見ますと、イエス様は本当に私たちと同じように、普通の人になられたということがわかります。たとえば、イエス様も私たちと同じようにお腹が空きました。

さて、朝早く都に帰る途中、イエスは空腹を覚えられた。（マタイによる福音

書21章18節）

そして、喉が渇きました。

それから、イエスはすべてのことが完了したのを知ると、聖書が成就するために、「わたしは渇く」と言われた。（ヨハネの福音書19章28節）

そして、疲れました。

そこにはヤコブの井戸があった。イエスは旅の疲れから、その井戸の傍らに、ただ座っておられた。（ヨハネの福音書4章6節）

そして、居眠りもしました。

ところがイエスは、船尾で枕をして眠っておられた。弟子たちはイエスを起こして、「先生。私たちが死んでも、かまわないのですか」と言った。（マルコの福音書４章38節）

そして、この方は深く悩まれました。

そして、ペテロ、ヤコブ、ヨハネを一緒に連れて行かれた。イエスは深く悩み、もだえ始め、（マルコの福音書14章33節）

そして、この方は苦しまれました。

三時ごろ、イエスは大声で叫ばれた。「エリ、エリ、レマ、サバクタニ。」これは、「わが神、わが神、どうしてわたしをお見捨てになったのですか」という意味である。（マタイの福音書27章46節）

イエス様は神だったのだから、十字架にかかっても痛さを感じないようにしようと思えば、痛くないようにできたのではないか。そのように私たちは思いたいですよね。

なぜならば十字架というのは本当に恐ろしい刑罰で、その両手首に太い釘を打ち込まれ、足にも一本釘が打ち込まれ、たった3本の釘で全体重を支える、ひどいものだから。

あぁ、私の罪のためにイエス様がそこまで苦しみを経験されたなんて申し訳ない。せめてそれがあんまり苦しくないように、と私たちは願い、考えてしまうわけですが、そうではないのです。

私が十字架にかかったら痛み苦しむのとまったく同じように、イエス様は痛かったし苦しかった。そして、それよりも何よりも、イエス様にとって苦しかったのは、父なる神から捨てられたという苦しみでした。肉体的な痛みよりも、父から見捨てられるという苦しみは、イエス様にとって、とても重いものでした。

しかしイエス様は神であられたゆえに、十字架で死なれたあと、そのいのちを取り戻すことができたのです。そのことを、イエス様はヨハネの福音書10章18節で、このように語っておられます。

だれも、わたしからいのちを取りません。わたしが自分からいのちを捨てるのです。わたしには、それを捨てる権威があり、再び得る権威があります。わたしはこの命令を、わたしの父から受けたのです。

イエス様が弱くて、または逃げられなくて、捕まって十字架にかかってしまったというのではなくて、イエス様自らがご自身のいのちを捨て、そしてそのいのちを取り戻してくださった。そうすることができる権威を有する神であられたから、ということです。ヨハネの福音書の５章18節にこのように書かれています。

そのためユダヤ人たちは、ますますイエスを殺そうとするようになった。イエスが安息日を破っていただけでなく、神をご自分の父と呼び、ご自分を神

と等しくされたからである。

このとき、イエス様は明確に、神をご自分と等しい存在としました。そしてそのことを、イエス様の敵である宗教学者たちも、みな理解したのです。だから、この人を生かしておくわけにはいかない、これは神への冒涜だ、と彼らは考えたのでした。

イエス様が明確に発したメッセージは、「わたしと父は同等の者」「わたしは神なのだ」ということでした。イエス様が「わたしは神だ」とおっしゃるならば、答えは、本当に神か、実は神じゃなかったか、この2つにしか分けられません。

そして、実は神ではなかったとするならば、さらにそれが2つに分けられて、神じゃないことを知っていながら神だと嘘をついたのか、神じゃないのに神だと思い込んでいたのか、というこの2つしかないわけです。

ですから私たちは、イエス様とはどのような方であったのかということを考えるときに、ご自身が主張された通り、この方は神であったという選択肢と、嘘をついていたという選択肢と、神じゃないのに神だと思い込んでいたという選択肢の、この３つの中から選ばなければならないわけです。

■１００％神であり１００％人。「キリストの二性」がどうしても必要な理由

キリストは神であられたのに、人になられました。なぜでしょうか。それは、人でなければ死ねないからです。

神は死ねません。私たちの身代わりに死ぬためには、イエス様は人となる必要がありました。しかし、キリストは神であるゆえに復活されました。神が死んだままであるはずがないからです。この神であり人である、という性質を「キリストの二性」と呼びます。

キリストとはどういうお方かということを考える神学を「キリスト論」と言いますが、この「キリストの二性」というキリスト論を受け入れなければ、どのように人は救われるのかという「救済論」に進むことはできません。救済論の土台となる

のが「キリストの二性」なわけです。この方は神であり人であるという神学です。

ですから、キリスト教の異端は一様に、この「キリストの二性」を受け入れていません。新約聖書の中で最も頻繁に引用される旧約聖書の箇所は詩篇110篇1節です。こう書かれています。

主は　私の主に言われた。
「あなたは　わたしの右の座に着いていなさい。
わたしがあなたの敵を
あなたの足台とするまで。」

これはダビデが書いた詩篇です。どういう意味でしょうか。この言葉は、旧約聖書の言葉で、最も多く新約聖書に引用されており、イエス様も引用しています。

イエス様は十字架につけられる受難週の火曜日に、神殿においていろいろなグループから論争を仕掛けられますが、1回だけご自分から「では、このことについて答えられますか」と彼らに質問をしたことがあります。これは、マタイの福音書22章41節―46節に描かれていますが、イエス様が彼らに投げかけたその質問の中に、この詩篇の１１０篇１節が出てくるのです。

パリサイ人たちが集まっていたとき、イエスは彼らにお尋ねになった。「あなたがたはキリストについてどう思いますか。彼はだれの子ですか。」彼らはイエスに言った。「ダビデの子です。」（マタイの福音書22章41―42節）

イエス様は「キリストについてどう思いますか」と聞いています。キリストとは誰なのか、と。宗教学者たちは「ダビデの子です」と答えます。

この回答は、ある意味正しいです。旧約聖書には、ダビデの子孫としてメシアは来られるという「ダビデ契約」があったわけですから、彼らはそれを認識していました。そこまではいいですが、このの ち、このように展開します。

イエスは彼らに言われた。「それでは、どうしてダビデは御霊によってキリストを主と呼び、

『主は、私の主に言われた。

「あなたは、わたしの右の座に着いていなさい。

わたしがあなたの敵を
あなたの足台とするまで」』

と言っているのですか。(マタイの福音書22章43—44節)

ここで「主は、私の主」という言葉が出てきます。「私」とはダビデのことです。「主は私の主に言われた」と書かれていますから、この「主」という言葉が意味するお方と、「私の主」という言葉が意味するお方は、別となります。別の人格、別の位格です。

ここで「主」と言われているのが誰かは、私たちクリスチャンは知っています。父なる神です。では「私の主」と呼ばれているのは?これは子なる神であるイエス様のことです。

ですから、この箇所については「父なる神が子なる神にこうおっしゃいました」というように、私たちクリスチャンは理解することができるのですが、これについて、イエス様は宗教学者たちに質問しています。

ダビデがキリストを主と呼んでいるのなら、どうしてキリストがダビデの子なのでしょう。」（マタイの福音書22章45節）

ここで、ダビデはキリスト＝メシアを「私の主」と呼んでいるではないか。ダビデが「私の主」と呼ぶメシアは、ダビデよりも上位にいる存在だ。しかしあなた方はメシアを「ダビデの子」と呼んでいる。「ダビデの子」といえば、ダビデの子孫なのだから、ダビデよりも下位の存在ではないか。この矛盾をどう解きますか、とイエス様はお聞きになったのでした。

するとだれ一人、一言もイエスに答えられなかった。その日から、もうだれも、あえてイエスに質問しようとはしなかった。（マタイの福音書22章46節）

どうして宗教学者は答えられなかったのでしょうか。彼らは「キリスト＝メシアの二性」を信じていなかったからです。もっと言えば、三位一体を信じていなかったのです。

つまりキリストは、神とすれば「ダビデの主」と呼ばれる方。人とすれば「ダビデの子」と呼ばれる方。ここに「キリストの二性」が現れているのです。「キリストの二性」が理解できてはじめて、この問いに答えることができるのです。

だれ一人、イエスに答えられなかった……。これが当時のユダヤ人の宗教学者たちの姿でありました。キリストは、人間としては「ダビデの子孫」としてお生まれになりましたが、神としては父なる神の子、子なる神として存在するお方です。ここにも、キリストは１００％神であり１００％人間になられたという真理が隠されているわけです。

パウロはこれをピリピ人への手紙の2章6節から8節までに、このようにまとめてくれています。

キリストは、神の御姿であられるのに、神としてのあり方を捨てられないとは考えず、ご自分を空しくして、しもべの姿をとり、人間と同じようになられました。人としての姿をもって現れ、自らを低くして、死にまで、それも十字架の死にまで従われました。（ピリピ人への手紙2章6―8節）

キリストは神の御姿であられた方。神であられたのに人間になられ、しかもしもべの姿をとられ、ついには十字架の死にまで、父なる神のご計画に従われたのだ、とパウロは語っています。

キリストは100%神でありながら、100%人間となられた。なぜですか？あなたを救うためです。それほどにあなたのことを高価で尊いと、神は認識しておられるからです。

第6章

私たちはどうすれば、救われるのか

第6章　私たちはどうすれば、救われるのか

救いは神からの賜物であり、善行によって勝ち取るものではない。

前章では、この高価で尊いと神がみなしてくださる私たちを救うために、イエス・キリストは死なれる必要があった。だから神であるこの方が人となられたことを書きました。

この方は、私たちの救いの御業を成し遂げるために十字架上で死なれ、本当に死んだということを証明するために墓に葬られ、しかし私たちを本当に救うことができる方であることを証明するために、3日目に復活してくださったお方です。

では、この方がなされた救いの御業にどうすればあずかることができるのでしょ

うか。どうすれば、私たちは救われることができるのか。私たちクリスチャンが信じている大事なポイントを、確認していきましょう。

■聖書の教える救済論は、徹頭徹尾、信仰による救い

ある人たちは、旧約聖書の時代においては、人は律法を守ることによって救われ、新約聖書の時代においては、イエスを信じることによって救われると考えています。

しかし、そうではありません。聖書の救済論―人はいかにして救われるかという教理―は、最初から最後まで「信仰による救い」です。それが証拠に、律法が与えられるはるか前に存在していたアブラハムという人がどのように救われたか、どのように神の御前に義と認められたかということについて、旧約聖書の創世記で、このように書かれています。

そして主は、彼を外に連れ出して言われた。「さあ、天を見上げなさい。星を

数えられるなら数えなさい。」さらに言われた。「あなたの子孫は、このようになる。」

アブラムは主を信じた。それで、それが彼の義と認められた。（創世記15章5―6節）

このときアブラム（のちのアブラハム）はかなり落胆していたようです。なかなか子どもが与えられない。ここで私が死んだら私の家系は私で終わりだ。私の財産は誰のものになるのか。そんなことを考えていたときに、神様はアブラムを外に連れ出し、夜空の下で一緒に散歩をしたのです。

そして「天を見上げて星を数えられるなら数えてみよ」「あなたの子孫は数えられないほど増える」と約束されました。

アブラムはこの神の約束を信じたのです。そして、そのことのゆえに彼は義と認められたと書いてあります。

つまり、「救済論」の詳細が描かれている新約聖書のローマ人への手紙の登場を待つまでもなく、旧約聖書にある創世記の最初の段階で、人は信仰によって救われるということが明らかにされているのです。

聖書の教える救済論は、徹頭徹尾、信仰による救いです。では、信仰の対象は誰なのでしょうか。聖書が語る唯一の神です。では、聖書の神の何を信じたら救われるのでしょうか。

アブラムに示された内容は「あなたの子孫は数えきれないほどになる」というものでしたが、これが今日の私たちが救われるための内容でないことは明らかです。旧約聖書の創世記においてアブラムに神の約束が示されたときから歴史は進み、神の啓示が変わっていくことは、聖書を読み進めるとわかります。そして、イエス・キリストが十字架で死なれて復活して以降、私たちの信仰の内容は最終段階となりました。

その最終段階の信仰の内容、それが聖書の神が示される福音の三要素です。福音の三要素とは、①キリストは私の罪を背負って十字架で死なれ、②墓に葬られたけれども、③3日目に復活したことを信じること。この三要素を信じることによって、キリストの十字架以降の人々は皆救われるということです。

私があなたがたに最も大切なこととして伝えたのは、私も受けたことであって、次のことです。キリストは、聖書に書かれてあるとおりに、私たちの罪のために死なれたこと、また、葬られたこと、また、聖書に書いてあるとおりに、三日目によみがえられたこと、（コリント人への手紙第一15章3―4節）

しかし、信じるだけだと言われても、なかなか安心できないのが人間です。ですから、人間はどうしても、いろいろなものを付け加えたがります。

しかし私たちが「私はこれをしたから救われたのだ」と言った途端に、問題が2つ発生します。

1つは、イエス・キリストの救いの御業は不完全だったという問題です。私が何か付け加える必要があると言い始めると、それはキリストの救いの業に対する侮辱となってしまいます。

そしてもう1つは、私はこれをしたから救われたと言った途端に、私たちは高慢になってしまうという問題です。神は人が高慢になるような方法で人を救うということはお考えになっていません。

このことについてイエス様はなんとおっしゃるのか。ヨハネの福音書3章に描かれている、ニコデモという人物との会話の中から、学びたいと思います。

■人間はどんなに努力をしても、神の国に入ることができない

イエス様がこの地上におられた時代、ユダヤ人の持っていた救済論はかなり歪んでいました。ユダヤ人として生まれたならば、自動的に救われる。彼らはそんな間違った選民思想を持っていました。

しかし、そのように教えていたユダヤ教の教師自身が、だんだん心配になってきたわけです。年を重ねていき、もうすぐ私も死ぬだろう。本当に私は神の国に行け

るのだろうか、ということが心配になったわけですね。

さて、パリサイ人の一人で、ニコデモという名の人がいた。ユダヤ人の議員であった。
この人が、夜、イエスのもとに来て言った。「先生。私たちは、あなたが神のもとから来られた教師であることを知っています。神がともにおられなければ、あなたがなさっているこのようなしるしは、だれも行うことができません。」（ヨハネの福音書3章1―2節）

ユダヤ人の指導者、議員であったニコデモは、夜こっそり、誰にも見られないようにイエス様のところにやってきました。どうしてもイエス様に質問したい、確認したい。私は本当に神の国に入れるのだろうか……。

彼はイエス様の言動を見ながら、この方が神のもとから来られた教師であるということを認めていたわけです。

イエスは答えられた。「まことに、まことに、あなたに言います。人は、新しく生まれなければ、神の国を見ることはできません。」（ヨハネの福音書３章３節）

イエス様は、ニコデモの心の中をご存知の上で、単刀直入にその彼の関心のあるテーマについて話を始められました。

「新しく生まれなければ神の国に入ることはできません」。

それは人間の努力を積み重ねた結果、はい、ようやくあなたは神の国に入れるようになりました、というレベルのものではないということをおっしゃったわけです。

ニコデモはイエスに言った。「人は、老いていながら、どうやって生まれることができますか。もう一度、母の胎に入って生まれることなどできるでしょうか。」（ヨハネの福音書３章４節）

ニコデモはびっくりしました。実はユダヤ人の中にも新しく生まれるという概念はありました。何によって新しく生まれるのか。第一に、ユダヤ人男性が13歳で行う成人式のような儀式であるバルミツバです。これによって新しく生まれる、と考えます。

そして第二に、当時であれば20歳頃に結婚するのですが、結婚することによって新しく生まれる。第三には、おそらく30歳頃だと思いますが、ラビになることによって新しく生まれる。そして第四は、これは50歳頃になると思いますが、神学校の校長になることによって新しく生まれる。このような概念があったのでした。

ニコデモが、この神学校の校長であったかどうかということについては、ヨハネの福音書3章10節で「イスラエルの教師」という言葉が使われ、そこには定冠詞がついています。そのため、ニコデモは神学校の校長であったということがわかります。

つまり、当時のユダヤ人が新しく生まれるために持っていたカード、それをニコデモは4つとも、すべて使い果たしていたのです。

逆に言えば、このようなことで新しく生まれるとすれば、ニコデモの右に出る人はいない。もし彼でも神の国に入ることができなかったとするならば、誰一人として神の国には入れない、と言えるわけです。

それに対してイエス様はこうおっしゃいました。

イエスは答えられた。「まことに、まことに、あなたに言います。人は、水と御霊によって生まれなければ、神の国に入ることはできません。」（ヨハネの福音書３章５節）

「水と御霊によって生まれる」とはどういうことでしょうか。この箇所への解説は、後代にいろいろな説が登場しました。しかし、水によって生まれることと霊によって生まれることはシンプルに考えてよいと思います。この水というのは、羊水です。羊水によって生まれるということは、私たちが母の胎から生み出される。つまり肉体的誕生です。

「水と御霊によって生まれ」るとは、まず肉体的に誕生する。そしてその次に、御霊＝聖霊によって生まれる。つまり肉体的誕生のあとに、霊的誕生が必要なのだということをイエス様は回答としました。

御霊によって新しく生まれることを「新生」と言います。それを聞いてニコデモはこう答えます。

ニコデモは答えた。「どうして、そのようなことがあり得るでしょうか。」（ヨハネの福音書3章9節）

この聖霊による新生という概念を、ニコデモは理解できませんでした。対してイエス様は答えます。

イエスは答えられた。「あなたはイスラエルの教師なのに、そのことが分からないのですか。（ヨハネの福音書3章10節）

神学校の校長先生であるにもかかわらず、聖書が語る信仰による救いを、あなたはわかっていないのですか、と聞いているわけです。そしてイエス様は、ユダヤ人なら誰でも知っているあの歴史的出来事を引っ張り出します。

モーセが荒野で蛇を上げたように、人の子も上げられなければなりません。（ヨハネの福音書３章14節）

これは何の話でしょうか。旧約聖書の民数記21章を見ますと、荒野を歩いていたイスラエルの民が、またしても神に対して反逆したシーンが出てきます。それに対する裁きとして、神は燃える蛇、つまり毒蛇を放ったのです。

その結果、多くのイスラエルの民が死にました。そして彼らはモーセのところに来て、「モーセさん、私たちが間違っていました。なんとか救ってくれるように神様に祈ってください」とお願いをします。

神はモーセに救いの方法を１つ、示されます。

すると主はモーセに言われた。「あなたは燃える蛇を作り、それを旗ざおの上につけよ。かまれた者はみな、それを仰ぎ見れば生きる。」（民数記21章8節）

世にも不思議な方法です。神はモーセに、燃える蛇をかたどった青銅の蛇を作り、それを旗竿につけ、かかげよ、と言われました。それを仰ぎ見た人は救われる、と。それが論理的であるか合理的であるか、そんなことは関係ない。神がおっしゃったことを信じるかどうか。ここにも信仰による救いが出てくるわけです。

このときに「そうなんだ」と神の言葉を信じて、燃える蛇を見上げた人は助かりました。何かを見たら生きるなんて「そんなことあるわけないだろう」と言っていた人たちは、最後まで七転八倒して苦しみながら死んでいきました。

さあ、これは何を表しており、そして、なぜイエス様はこの場面で、この歴史的出来事を引用されたのでしょうか。

それは、モーセの時代から、旧約聖書の時代から変わらない、信仰による救いを教えるため。そしてこのときの信仰の内容は、青銅の蛇を見上げたら救われるということを教えるためなのです。

では、なぜ青銅の蛇なのか。実は、この荒野で旗竿の先に青銅の蛇をつけてそれを高く掲げるということは、ニコデモとの対話の約３年後にイエス様が行うことと対比される出来事なのです。

あのときの旗竿、それはイエス様にとっての十字架です。あのときの青銅の蛇、それが指すのは、十字架上のイエス・キリストとなります。

よりによって、イエス・キリストをなぜ蛇と対比するのかと言いたくなります。蛇というのは毒を持っています。イエス様はもちろん毒を持っていない、もっと言えば罪すら持っていません。しかし全人類の罪の身代わりとなるということのゆえに、罪の塊となって死なれた。蛇のように呪われた存在となった。そのことを表しているわけです。

その上でイエス様はこうおっしゃいました。

それは、信じる者がみな、人の子にあって永遠のいのちを持つためです。」
（ヨハネの福音書3章15節）

イエス様はここで、3年後にご自分の身に起こることを、ニコデモに告げられました。「あの十字架上のイエスは私を救うためであったのだ」と信じて見上げる人には、永遠のいのちが与えられるという真理を明らかにされました。

そしてこの文脈で、聖書の中で最も有名なこの言葉が登場します。

神は、実に、そのひとり子をお与えになったほどに世を愛された。それは御子を信じる者が、一人として滅びることなく、永遠のいのちを持つためである。（ヨハネの福音書3章16節）

どういう人が滅びず、救われ、永遠のいのちを持つ、と語られていますか？「御子を信じる者」です。「御子を信じる者」とは、あの十字架上のイエスは私の罪の身代わりとなって死なれたと信じる人、という意味です。

■青銅の蛇を見上げる信仰を示されたニコデモ、その後

さあ、このことを聞いてニコデモは信じられたでしょうか。何十年にもわたって出来上がった彼の世界観は、そう簡単には変えられるものではなかったでしょう。しかし、これ以降の彼の姿を見ていくと、彼は真剣に祈り、真剣に考え、真剣に探求したことがわかります。

イエス様とニコデモの出会いはヨハネの福音書３章を確認してきましたが、次にニコデモが登場するのはヨハネの福音書７章です。ここで、イエスを罵る者たちがいて、黙っていられなくなったニコデモが描かれています。

彼らのうちの一人で、イエスのもとに来たことのあるニコデモが彼らに言った。

「私たちの律法は、まず本人から話を聞き、その人が何をしているのかを知っ

たうえでなければ、さばくことをしないのではないか。」（ヨハネの福音書7章50―51節）

ニコデモは、イエス様を擁護しました。このとき、まだ彼は求道中であったと思います。はっきりとイエス様を信じたという段階ではないかもしれない。でも、そんないい加減な考え方でイエスを糾弾すべきではない、きちんと調べてからにすべきではないかとニコデモはイエス様を擁護したのです。

この発言が、自分にとってどれほど不利なことであったとしても、彼はそうしたのです。

そして、ついにあのとき語られた通りのことが起きました。イエス・キリストが十字架にかけられて上げられたのです。

ニコデモは思い出したでしょう。ヨハネの福音書3章でイエス様が語られた、あの荒野で上げられた青銅の蛇とは、このことだったのか。あのとき青銅の蛇を、信仰を持って見上げた人が救われたように、十字架を見上げ、この方は私の罪を背負って死なれたのだと信じる者たちに、救いがもたらされる。そのことを徐々にニコデモは知っていったのではないかと思います。

そう知ったとき、彼はもう黙っていられなくなりました。

このままであれば、十字架で死なれたイエス様の遺体は放置される。本当に見るも無残な状態になってしまう。なんとか埋葬しよう。本来であれば、死刑囚の埋葬は許されないところだが、埋葬したい……。

ニコデモがそう思っていたときに、もう一人、ユダヤ議会であるサンヘドリンの議員であったアリマタヤのヨセフという人が、勇気を出して、当時の支配者であるローマ総督ピラトのところに行き、イエス様の遺体の下げ渡しを願って、それが許されたということを聞きます。ニコデモは「俺も手伝うよ」と行動したことが、描かれています。

以前、夜イエスのところに来たニコデモも、没薬と沈香を混ぜ合わせたものを、百リトラほど持ってやって来た。

彼らはイエスのからだを取り、ユダヤ人の埋葬の習慣にしたがって、香料と一緒に亜麻布で巻いた。（ヨハネの福音書19章39―40節）

ニコデモは、イエス様を葬るという善行を行ったから救われたのではありません。ニコデモは、イエス様が私の罪の身代わりとして十字架に上げられているのだ、このイエスこそ私たちのメシアなのだ、ということを信じて、救われたのです。

救われた結果、彼の世界観は変えられました。それまでは人の目にどう自分が映るかということが一番重要でした。だから、ヨハネの福音書3章でも、彼は夜こっそりやってきたわけです。「ニコデモがイエスのところに行っているぞ」なんて言われたくなかったから、世間の目を恐れて暗闇の中やってきたわけです。

しかしこのときは、白昼堂々とイエスの遺体を埋葬しました。つまり、彼の世界観は変わり、世間の目よりも神の目を意識する者となったのです。

■イエスの救いは完全なる救い。人を高慢にさせる救いではない

この章のテーマは「救いは神からの賜物であり、努力によって勝ち取るものではない」というものですが、そのことを一番明確に書いたのは、パウロの書いた手紙です。エペソ人への手紙２章８―９節を確認しましょう。

この恵みのゆえに、あなたがたは信仰によって救われたのです。それはあなたがたから出たことではなく、神の賜物です。行いによるのではありません。だれも誇ることのないためです。

神の恵みを信仰によって受け取ることによって、私たちは救われました。それは神からの一方的な贈り物なのです。

イエス・キリストという恵み、私たちの身代わりに死んで埋葬され復活されたというこの恵みを、私は信仰によって受け取ることによって、ただそれだけで救われ

たのです。行いによるのではありません。だれも誇ることのないためです。冒頭に申し上げたように、もし私たちが自分の行いによって救われるのだとするならば、私たちは誇ります。高慢になります。しかし、エペソ人への手紙2章の10節にこう書かれています。

実に、私たちは神の作品であって、良い行いをするためにキリスト・イエスにあって造られたのです。神は、私たちが良い行いに歩むように、その良い行いをあらかじめ備えてくださいました。

つまり、ニコデモにイエスを埋葬するという良い行いができたのは、それは彼が勇敢だったからとか、彼が善良だったからとかというのではなくて、それもまた神の恵みというわけです。それができるように、神はその良い行いをもニコデモのために備えていてくださったのだということです。

これは私たちも経験することではないでしょうか。あのとき、よくああいう決断ができたな、私は臆病なのによくあのときイエスを信じるという決断、そしてあの行動を取る決断をよくできたな、というふうに振り返ることがあるのではないでしょうか。

そのとき、あなたはどう思うでしょうか。俺ってすごいよな、やっぱり。あれだけの決断ができたってことは、相当優秀な人間なんだ、とっても頭が良かったんだ、品行方正だったんだ、と自らを誇るでしょうか。

いや、むしろよく私があんなことができたなぁ、あれができたのもすべて、神様の恵みなのだ、と振り返るのではないでしょうか。

ニコデモも、あのとき、よくもあんな勇敢な埋葬という行動をとることができたなぁ、それもまた神様が備えてくださったことなのだなぁ、と、きっと振り返ったと思います。

イエス様は救いの御業を完璧に成し遂げてくださいました。私たちはその神様の約束を信頼して、信仰によって受け取りました。そして、それだけで救われました。

もし私たちが救われた理由が自分の頑張りのゆえであったとするならば、私たちはどこまで行っても心配になると思います。本当にこれでよかったのかな、足りないのではないかな、と。

でも、イエス様の成し遂げられた救いの御業は完璧で、私たちの努力は一切関係しない。だから私たちは、安心することができるのです。

その結果、私たちのものの見方、考え方、価値観、行動が徐々に変えられていきます。この順番であることを、聖書からしっかりと受け取りたいと思います。

第7章

福音を信じる者の責任とは何か

第7章　福音を信じる者の責任とは何か

クリスチャンには福音を分かち合う責任がある。

聖書的救済論――人はいかにして救われるか――について、前章で説明しました。聖書的救済論とは、信仰による救いである、これが結論でした。

この信仰による救いという救済論は、人間の発想からは絶対に出てきません。人間が作り出した宗教は、一般に、すべて業（わざ）による救いです。善行による救いです。

善行は何かと言えば、それは宗教によって異なるのかもしれませんが、基本的にはもっと頑張れ、もっと頑張ることによって救われるんだ、ということです。

■誰かが私に教えてくれたゆえに、私は信じることができた

人間がどうすれば救われるのだろうかと考えて、そうだ、信仰によって救われるんだ、という発想は、人間から出てきません。これはどんなに考えても出てこない。これは神の側から教えていただかなければ、わかり得ない真理なのです。ですから、誰かがこれを私に教えてくれたゆえに、私は信じることができた。キリスト教の救済論は、誰かが教えてくれなければ信じようがない救済論である、ということができると思います。パウロはローマ人の手紙で、このように語っています。

「主の御名を呼び求める者はみな救われる」のです。しかし、信じたことのない方を、どのようにして呼び求めるのでしょうか。聞いたことのない方を、どのようにして信じるのでしょうか。宣べ伝える人がいなければ、どのようにして聞くのでしょうか。

遣わされることがなければ、どのようにして宣べ伝えるのでしょうか。
「なんと美しいことか、
良い知らせを伝える人たちの足は」
と書いてあるようにです。（ローマ人の手紙10章13―15節）

パウロも、誰かが伝えてくれなければ信じることはできない、と語っています。ですから聖書は、福音を伝えるということを強く勧めているのです。

私は17歳のときに、この福音を信じて救われました。と同時に、恐れました。大変なことを知ってしまった……。これを、私は知ったから信じて救われたけれど、僕のクラスの友達のほとんどはこのことを知らない。僕の親友と呼べる彼もそれを知らない。そして僕がこのことを彼に伝えなければ、彼はそれを知ることもできない。これは不公平だ。でも僕は彼のところに行って、これを伝える勇気がない。

そこで悩みました。そして自転車で彼の家まで行って、ポストにこっそり教会案内とか簡単な読み物を投函するということをしました。それしかできなかったのです。でも神様はそんな臆病な私の伝道も用いて、その彼を救ってくださいました。今、彼はキリスト教の牧師をしています。

また、高校３年生のときに、この人には何とか伝えたいなと思い、古典の授業中だったでしょうか。授業中にヒソヒソと福音を伝えて、先生から怒られたことも思い出します。

彼も卒業寸前でバプテスマを受けました。彼は函館へ行き、その後ずっと会ってないのですが、40年間しっかりとしたクリスチャン生活を送り、４人の子供たちの父親となったようです。

最近、その教会出身の若者と出会ったのですが、その人に大変お世話になったという話を聞きました。あのときの私の臆病な伝道さえも、神様が用いてくださったのだと、本当にありがたく思い出しました。

■キリスト教の拡大の歴史に、神の深いご計画を見る

イエス様は、私たちの罪のために十字架にかかり、救いの御業を完成したから、もうそれでおしまい、とはなされませんでした。救いの御業は完成されたが、それは伝えられなければならない。さもないと人は信じられない。信じられなくては誰も救われないことになってしまいます。

ですから、私たちの信じている救いは、イエス様が救いの御業を完成したところで終わったのではなく、それが人々に伝えられて、聞いた人が信じて救われるというところにまで至らなければなりません。

三位一体の神についてこのように説明されることがあります。

父なる神が計画し、子なる神が実行し、聖霊なる神が完成してくださる。こうやって私たちは救われるのだというのです。

計画―実行―完成までには時間がかかります。そのことまで考えて、父なる神はひとり子イエスをどの時代に、いつ人間の世に送るのか、お考えになりました。ガ

ラテヤ人への手紙にこう書かれています。

しかし時が満ちて、神はご自分の御子を、女から生まれた者、律法の下にある者として遣わされました。（ガラテヤ人への手紙4章4節）

「時が満ちて」と書かれています。神の時が満ちた。では、なぜ神はあの2000年前という時を選んで、イエス様を送られたのでしょうか。それは、イエス様が救いの御業を完成したあとに、速やかにその福音が伝えられる環境が整っている時をお選びになったのではないかと私は考えます。

福音が伝えられる環境とは、どういう環境でしょうか。第一に、ローマ帝国のもとでギリシャ語という公用語があったことです。この公用語があったことにより、いちいち翻訳しなくても、ギリシャ語だけで世界中を福音宣教することができたのです。

第二に、「世界の道はローマに続く」と言われている通り、当時、ローマの道路網が張り巡らされていました。ローマの兵隊は、いつも戦争をしているわけではありません。戦争していないときに何をしていたのかというと、道路を作っていたのです。ですからパウロは、速やかにローマ帝国中に福音を伝えることができたわけです。

第三に、パウロが世界宣教したあの時代は、ローマの平和「Pax Romana」と呼ばれる時代でした。戦国時代ではなかったのです。ローマによる平和がもたらされていたがゆえに、福音を伝えることができたのです。

そして第四に、各地にシナゴーグ（ユダヤ人の会堂）がありました。パウロの宣教旅行を見ますと、どこに行ってもまず会堂を見つけて、そこで福音を伝えています。これにより短時間で多くのユダヤ人に、またそこに集まっていた人たちに福音を伝えることができたわけです。

これらの環境が整っているときに、つまり、伝えやすい環境のときに、神はイエス様をお送りくださったのだと思います。それであるがゆえに、教会の設立後、たった30年間で、福音はローマにまで到達することができたのです。

そのことをわかっていたからこそ、イエス様は、ご自身の働きの途中から、働き方改革を始めました。

最初は大衆伝道されていました。やがて自分が十字架にかかって、復活して昇天し、天に帰るのだということがわかったとき、ギアチェンジされたのです。

イエス様は、その公生涯の途中から、弟子訓練に力を入れるようになりました。ご自分が天に帰られたあとに、この福音をまっすぐに伝える弟子たちを育てることに、イエス様はご自身のエネルギーを集中させました。

そして十字架ののち、ついに復活されたイエス様が、ガリラヤ湖畔にある山の上に弟子たちを集めたとき、あの大宣教命令を与えられたわけです。

イエスは近づいて来て、彼らにこう言われた。「わたしには天においても地においても、すべての権威が与えられています。ですから、あなたがたは行って、あらゆる国の人々を弟子としなさい。父、子、聖霊の名において彼らにバプテスマを授け、

わたしがあなたがたに命じておいた、すべてのことを守るように教えなさい。見よ。わたしは世の終わりまで、いつもあなたがたとともにいます。」

（マタイの福音書28章18—20節）

ここで、4つの動詞が使われています。「行きなさい」「弟子としなさい」「バプテスマを授けなさい」「教えなさい」です。

この4つの動詞のうち、主要動詞で命令形となっているのは、「弟子としなさい」という動詞です。何をすることによってでしょうか。行くことによってです。行くとは、行って伝えることです。そして、信じた人にバプテスマを授けることです。信じてバプテスマを受けた彼らを教えることによって「弟子としなさい」という大宣教命令がここで語られています。

しかしこれが最後ではありません。イエス様はもう一度エルサレムに戻って来られました。そしてエルサレムの東に面するオリーブ山から、弟子たちの見ている前で昇天されるのですが、昇天される直前に残された命令があります。

しかし、聖霊があなたがたの上に臨むとき、あなたがたは力を受けます。そして、エルサレム、ユダヤとサマリアの全土、さらに地の果てまで、わたしの証人となります。」（使徒の働き1章8節）

「地の果てまで、この福音を述べ伝えよ」。そうイエス様は言い残して天に上げられました。なぜでしょうか。それはこの福音を信じる以外に人が救われる道がないからです。

■キリスト以外に救いはない。だから伝えなければ、人は救われない

クリスチャンと呼ばれる人の中にも、ときどきこう言う方がいます。

「キリスト以外に救いはないっていうのは、キリスト教の傲慢だ」

「もっと他の宗教を尊重し、敬わなければならない」

もちろん私たちは、他の人たちに対して敬意を払うことは大切です。しかしイエ

ス・キリストご自身が何と言われたのかということに、私たちは注目しなければなりません。イエス様は言われました。

イエスは彼に言われた。「わたしが道であり、真理であり、いのちなのです。わたしを通してでなければ、だれも父のみもとに行くことはできません。（ヨハネの福音書14章6節）

この言葉をあなたはどう解釈しますか。「私は父のもとに行く、数ある方法の1つです」とイエス様はおっしゃっていません。もし、イエス様を信じることは神のもとに行くいくつかの方法の1つであったなら、どうしてイエス様はあれほどの苦しみを受けなければならなかったのでしょうか。他にも救われる道があるなら「その道で救われなさい」とおっしゃればよかったはずです。

ご自分が私たちの身代わりとして死んで復活する以外に救われる道がないからこそ、イエス様はその道を耐え忍んでくださったのです。そしてペテロもまたこのように語っています。

この方以外には、だれによっても救いはありません。天の下でこの御名のほかに、私たちが救われるべき名は人間に与えられていないからです。」（使徒の働き４章12節）

ここでもまた、私たちが聖書的世界観を受け入れるかどうかということが問われているわけです。

聖書的世界観を受け入れるなら、イエス・キリストを信じる以外に救いはないということを認めるしかありません。そしてその結果、永遠の救いか永遠の滅びかが定められるということを認めなくてはならない。そうなると私たちは伝えずにはいられないのです。

ですからパウロは、もうすぐ自分の死が近いとわかった中で書いた彼の絶筆、テモテへの手紙第二、その最終章である４章２節で、テモテに対してこのように書き送っています。

みことばを宣べ伝えなさい。時が良くても悪くてもしっかりやりなさい。忍耐の限りを尽くし、絶えず教えながら、責め、戒め、また勧めなさい。

これ以外に救いの道はないのだから、御言葉を宣べ伝えよ。そう言い残してパウロは死んでいきました。

■福音を聞く機会のなかった、私たちの先祖は救われないのか

しかし、特に私たち日本人はこう考えます。我々の先祖はどうするんだ。宣教師が来るまでイエス様の「イ」の字も知らないんだよ、彼らはどうなるんだ、と。彼らがどうなるかわからないと、私はイエス様を信じるわけにはいかない。このようにおっしゃる方もいます。それゆえに、次のように議論を発展させてしまう人

もいます。

それは、この地上で福音を一度も聞くチャンスがなかった人に対しては、その人が死んだあと、イエス様がその人に現れてくださって、福音を伝えてくださる。そしてそこで信じるか信じないかということを選ぶチャンスが与えられるのだ、という考え方です。

このように考えたいお気持ちは、とてもよくわかります。しかしそれがいかに危険な教えなのかということは、１つ、このことを説明すればすぐにわかると思います。

もし、一度も福音を聞いたことがない人に、死んだあとで福音を信じるチャンスが与えられるとするならば、私が愛する人にしてあげられる最大の愛の行為は、私がその人に福音を伝えないこと、となります。

なぜならば、私の下手な言葉でその人に福音を伝えてしまったら、その人が死んだあと、イエス様から直接、福音を聞くことができなくなってしまうからです。

ですから、この考え方は、こんなにたくさんの「福音を伝えなさい」という聖書の御言葉と矛盾し、対立する考えであるということがわかります。

私たちにはわからないことがたくさんあります。しかし、わからないことのゆえに信じないというのではなくて、少しでもわかったことがあるなら、そのわかったことに基づいて信じる。そこから進んでいくべきではないでしょうか。

しかも私たちは、神は完璧に公平な方なのだから、私たちがやがて神に会ったときに、本当に納得することができる正しい裁きを行われる方だということも知っています。

神がすべての人に与えておられる一般啓示に応答した人に対して、神は特別な方法でお知らせくださるのかもしれない、そのようにも思うこともできます。

しかし私にはその人たちが救われるかどうかはわかりません。わからないけれど、神にお委ねすることができます。または、私の知る限りあの人はイエス・キリストを信じないまま死んでいった、と思う場合でも、その人の死ぬ間際に、その人の心の中で何が起きたかは、私たちは誰も知り得ません。神にしかわからないのです。

もしかすると、その１秒２秒の間に、昔聞いた福音を思い出して「今信じます」と言ったかもしれない。私たちが勝手に、信じないまま死んでしまったと決めつけるものではありません。そして、そのギリギリのときに福音を知っていなければ、「信じる」と言うこともできないのですから、私たちは福音を伝える必要があるわけです。

■愛する人にできる最高の愛の行為、それは福音を伝えること

私は本当に臆病な人間です。路傍伝道を力強くやっている人を見て、すごいと思います。私にはそういう賜物はありません。

しかし２０２０年４月、コロナをきっかけに、私はYouTubeやZOOMを使って福音を伝えることを始められました。そしてそれ以降で福音を伝えることのできた相手の数は、それまでの牧師として働いた28年間全部合わせたよりも多かったのです。

それほどの人たちに、たった1年で伝えることができたということがわかったとき、身の震えるような思いがしました。

そのときに私は、つくづく感じたのです。神様は相当急いでおられるのだ、と。それはイエス・キリストが帰って来られるとき、そして私たちを迎えに来てくださるときが近づいているからに他なりません。

私たちが愛する人に対してすることのできる最高の愛の行為、それは福音を伝えることです。ペテロはこのように語っています。

あなたがたのうちにある希望について説明を求める人には、だれにでも、いつでも弁明できる用意をしていなさい。（ペテロの手紙第一3章15節）

もし聞かれたならば、すぐに答えられるように、福音を伝えられる準備をしておきなさいとペテロは語っています。

「いや私は神学的な素養もないです」「口下手でうまく話すことができません」と

おっしゃる方もいるかもしれない。しかし、最後にこの言葉を読んで、この章を終えたいと思います。ヨハネの福音書9章25節からです。

ある生まれつき目の不自由な人がいました。その人は、イエス様によって癒してもらいました。しかしその日は安息日だったのです。そのおかげで、ユダヤ人の間で大変な論争が沸き起こりました。

イエスという人が治したと言うが、安息日にそんなことをしたのなら、彼は罪人に違いない。安息日を守らないのは大きな罪なのだから。これが論争にまで発展し、この癒してもらった人に対し、ユダヤ人は押し寄せ、問いかけます。癒された人は静かに口を開きました。

彼は答えた。「あの方が罪人かどうか私は知りませんが、一つのことは知っています。私は盲目であったのに、今は見えるということです。」（ヨハネの福音書9章25節）

何という力強い証でしょうか。論理的な答えではないかもしれない。教義的に正しいかもわからない。私に答えられることはただ1つだけ。それは私が経験したことです。私は、以前は見えなかったのに、今は見えるようになった。このことだけは証言できます、と彼は答えたのです。

あなたは論理的に信じていることを説明できないかもしれません。しかし、イエス・キリストを信じたことによって、あなたが経験したこと、それを否定することのできる人は誰もいません。

そしてその証こそが、最も力強い証なのです。私たちがイエスキリストを信じた結果、世界観が変わった。ものの見え方が変わった。考え方が変わった。価値観が変わった。その結果、行動が変わった。習慣が変わった。その結果、私の生き方が変わった。そして私の人格まで少しずつ、少しずつ、イエス様に似たものに変えられていっている。これ以上に力強い証があるでしょうか。

私たちイエス・キリストを信じて救われた者として、ご一緒に福音を分かち合う責任を果たしていこうではありませんか。

おわりに

2023年2月18日、私は、札幌でメッセージをしている最中に呂律が回らなくなり、救急車で運ばれました。脳出血でした。それ以来生活は一変しました。入院生活が3ヶ月以上続き、退院した今もリハビリをしながら、動かなくなった左手左足が動くように、失われた機能が回復されるように祈る日々を過ごしています。

倒れる一年前、私はシンガポール日本語教会の牧師を退職し、日本に帰ってきてクリスチャン・リユニオン・ミニストリーズという宣教の働きを立ち上げました。「松本牧師の YouTube 聖書講座」を毎週月・水・金に配信し、毎週 Zoom を通して祈り会と学び会を開催し、拠点とする釧路にて毎週「聖書お話し会」を開き、大阪岸和田にて毎月「対面授業」を行っていました。

さらに、申し込んでくれた方に何冊でも無料でお送りする「天国旅券」や絵本「おじいちゃん、散歩しよう」の発行をし、累計8万部以上が無料で配布されました。日本各地の教会やホテルをまわる講演旅行も積極的に行い、8月にはイスラエル聖地旅行を計画していました。

2023年1月中旬、札幌のいくつかの教会でメッセージした後、沖縄、愛知、岐阜、大阪を巡回して、札幌に戻りました。

脳出血を発症したのは、札幌に戻り、対面授業を行っている最中の出来事でした。その日を境に私の生活は劇的に変わってしまいました。しかし私が動けなくなった後も、「松本牧師の YouTube 聖書講座」のチャンネル登録者数は増え続け、多くの方々が視聴してくださいました。また、「天国旅券」や「おじいちゃん、散歩しよう」の絵本が用いられ、神様は人々を救いに導き続けてくださいました。そのことに、入院中とても励まされました。私が倒れても宣教の働きは前進していくのだと知りました。

脳出血を発症する直前に、愛知県で語ったメッセージシリーズがこの本の土台となりました。

クリスチャンである私の信仰を体系立ててまとめて本にして発行すれば、お役に立てるのではないかと思い、長男の務と共同作業で編集を始めました。

重複した部分を整理し、もともと話し言葉だったものを書き言葉に変え、私も可能な限り原稿を何度も読んで編集しました。足りない部分も多々あると思いますが、クリスチャンではない方々に聖書的世界観を知っていただくため、また、クリスチャンの方々にご自分が信じていることを整理していただくために用いていただきたい。そう思い、執筆しました。

脳出血を発症する前に話したことが、脳出血を発症して一年経って書籍として発行できることは感慨深いものがあります。今は、動きも制限され、自宅にいながらZoomでバイブルスタディをしたり、ボイスメッセージを発信したりすることしかできません。

しかし、私の信じている信仰の中身、つまりクリスチャンである私が信じている

7つのことは、以前と一点も変わりませんでした。

私の神様に対する信頼は、病気発症前も後も全く変わりません。

聖書は神の言葉であるという信仰は揺らがされません。

サタンの誘惑に対して聖書の御言葉で対決し、打ち勝てると心から信じています。

神様は私を見て、高価で尊いとおっしゃり、この人生に計画を持っておられることを知っています。

100％神であられるキリストが、私を救うために100％人間になってくれたことを告白します。

私は福音の3要素を信じているから、救われていることを確信しています。

そして、病気になってもなお、私には福音を伝えるという責任が与えられていることを知り、その使命を握っています。

脳出血になる前も、なった後も、神様は変わらず私の素晴らしい神様です。私はこれからも、この7つの真理を握って、この人生を歩んでいきます。

この本を読んでくださったあなたにも、この7つを握って歩んでほしい。それが私の心からの願いです。どうかあなたが、私の信じているこの7つのことを信じることができますように。あなたのために神様にお祈りします。

寒い札幌から祈りを込めて。

２０２４年2月　松本章宏

松本章宏（Akihiro Matsumoto）
牧師
クリスチャン・リユニオン・ミニストリーズ代表

1961年北海道旭川市生まれ。高校2年生の時にイエス・キリストを信じ、釧路聖書センター（現在、釧路キリスト福音館）で受洗。弘前大学卒業後、北海道立札幌西陵高校教諭として4年間勤務。OMF日本語センターで宣教師に日本語を教えた後、韓国にあるACTS神学校で学び、牧会神学修士号取得。1992年から2005年まで日本基督教団十二使徒教会牧師。途中1年間、米国ミシガン州にあるウエスタン神学校で学び、専門神学修士号取得。2005年、シンガポールのDTCで4ヶ月間研修した後、2012年までジャカルタ日本語キリスト教会牧師。その後1年間「渡り鳥夫婦」と称して、中東、ヨーロッパ、アジアの日本語教会を巡回伝道。2013年3月から2022年3月までシンガポール日本語教会牧師。2022年4月、クリスチャン・リユニオン・ミニストリーズを立ち上げ、代表に就任。約20,000人の登録者を持つ「松本牧師のYouTube聖書講座」は、聖書の教えを分かりやすく解説していることで定評がある。

クリスチャン・リユニオン・ミニストリーズHP
https://reunionministries.net/

松本牧師のYouTube聖書講座
https://www.youtube.com/@matsumotobible

クリスチャンである私が信じている7つのこと

2024年3月31日　第1版発行

著　　者　松本 章宏
発 行 者　松本 務
発 行 所　ジェネラスギバーズ出版
北海道札幌市北区北21条西8丁目3番8号
TEL 080-4050-2106
gen.givers@gmail.com

本　文DTP　外 聡志
編 集 協 力　川上 義哉
カバーデザイン　Kamigraph Design
印 刷・製 本　株式会社アイワード

ISBN：978-4-990-57489-5